社会调查方法实务

付丽娟 主 编

荆伟龙 樊 凯 副主编

U0361186

清华大学出版社

北京

内 容 简 介

本书以调查研究过程为导向,以工作项目和工作任务为载体,以培养社会调查的职业能力为核心,将社会调查工作的重点内容按先后顺序分成八个项目,每个项目分解成两个工作任务,围绕任务目标,设计了任务情境并提供了相应的任务指导。在项目训练中,单项训练覆盖了核心技能,为综合训练提供了参考模板,帮助学习者能够轻松入门,快速适应岗位工作。

本书可作为高职院校社会调查课程的教材,也可供初学社会调查者自学使用。

图书在版编目(CIP)数据

社会调查方法实务/付丽娟主编 . -- 北京:清华大学出版社,2024.2
ISBN 978-7-302-65443-8

Ⅰ.①社… Ⅱ.①付… Ⅲ.①社会调查—调查方法 Ⅳ.①C915

中国国家版本馆 CIP 数据核字(2024)第 022278 号

责任编辑:聂军来
封面设计:刘 键
责任校对:李 梅
责任印制:丛怀宇

出版发行:清华大学出版社
　　　　　网　　　址:https://www.tup.com.cn,https://www.wqxuetang.com
　　　　　地　　　址:北京清华大学学研大厦 A 座　　　邮　　编:100084
　　　　　社 总 机:010-83470000　　　　　邮　　购:010-62786544
　　　　　投稿与读者服务:010-62776969,c-service@tup.tsinghua.edu.cn
　　　　　质量反馈:010-62772015,zhiliang@tup.tsinghua.edu.cn
　　　　　课件下载:https://www.tup.com.cn,010-83470410
印 装 者:涿州汇美亿浓印刷有限公司
经　　销:全国新华书店
开　　本:185mm×260mm　　　印　张:10.25　　　字　数:236 千字
版　　次:2024 年 2 月第 1 版　　　印　次:2024 年 2 月第 1 次印刷
定　　价:39.00 元

产品编号:091517-01

前　言

　　社区管理和社会工作等专业要求学生具备较强的社会管理和社会服务技能,社会调查能力日渐成为学生开展学习和研究的基础能力。然而,在专业教学和实践中,高职学生常常出现"不敢学、不愿学、学不会"的情况。有些学生认为社会调查是非常专业的学科,尤其是数据的分析和调查报告的撰写,高职阶段肯定学不会,因此,一开始就有畏难情绪;有的学生则认为社会调查很简单,就是发发问卷,自己就经常通过手机和网络填写电子问卷,调查数据的分析则交给计算机就行,无须专业的学习;还有的学生通过课堂学习掌握了社会调查的专业知识,但是碰到具体的调查项目就束手无策了。

　　本书在编写过程中遵循"以职业素质为本位、以职业能力为核心、以职业活动为导向"这一原则,突出教师的主导地位与学生的主体地位,契合"学中做、做中学"的教学需要,力求做到"好教、好学、好用"。本书主要有以下几个特点。

　　(1) 内容保持职业活动的完整性。本书内容的编排打破了知识体系的完整性,按项目—任务完成过程所需的知识进行编排,保持职业活动的完整性。必备知识和技能点的选择突出了高等职业教育"实用、够用、适用"的原则。每个项目后还附有"知识拓展",可用于延伸学习。

　　(2) 融入课程思政元素。本书在每个项目开始的项目描述中均包含了不同侧重的思政元素,项目任务的设计和案例的选取也突出了育人功能,目的是让学生在完成工作任务的过程中逐渐树立认真、合作、严谨、求实的职业道德和观念,树立尊重科学的思想方法,养成勤奋务实的作风。

　　(3) 初学者能够轻松入门。本书将开展小型社会调查的工作流程按先后顺序分成8 个项目,初学者可以按照社会调查的工作程序进行每个项目的学习。每个项目又分解成两个工作任务,工作任务主要是社会调查中常见的工作情境和问题,通过评价、指导回应相应的任务指导问题。项目能力训练中的单项训练覆盖了核心技能,形成可完成、可考核的具体任务。项目综合训练提供了社会调查的参考模板,在分组完成项目任务时可增强参与性。读者可通过扫描书中的二维码下载使用。

　　本书提供了《社会调查方法实务》线上学习课程,包含了课件、讨论、测试和视频等丰富的教学资源,同时通过二维码将线上课程数字化资源与纸质版教材相结合,为读者提供了立体化的学习途径。

　　本书由北京政法职业学院付丽娟任主编,负责组织协调、项目推进、内容确定、大纲审定、全书总纂及终审定稿工作。食品风险预防控制中心的荆伟龙作为行业专家参与了本书结构的设计和部分实务案例的论证，并承担了部分项目的撰写工作。中国矿业大学樊凯参与了教材结构的设计并承担了部分项目的撰写工作。参加编纂的人员还有北京政法职业学院的张菡、刘春霞、吴桂英、曾庆松等。

　　本书的出版得到了清华大学出版社的大力支持，在此一并表示感谢。因作者水平有限，不足之处在所难免，敬请同行和读者批评指正。

编　者

2023 年 10 月

目　录

导　论

一、社会调查的定义

人类处于一个复杂、奇妙的世界。多少年来,人们一直没有停止过对人类社会的探索和研究。在人们对人类社会及纷繁复杂的社会现象进行探索的过程中,形成和发展了各种各样的研究方式、方法和技术。目前,在社会科学领域中,最常见的研究方式主要有实验研究、调查研究、实地研究和文献研究四种。调查研究是社会研究中最常见、同时也是运用最多的一种方式。在国内,由于各方面的原因,调查研究这种方式更多地被称作社会调查。

社会调查指的是一种采用自填式问卷或结构式访问的方法,即通过直接询问,从一个取自总体的样本里收集系统的、量化的资料,并通过对这些资料的统计分析来认识社会现象及其规律的社会研究方式。

根据上述定义,可以看出社会调查具有以下五个突出特征。

(1) 社会调查是一种系统的、具有内在规律的认识活动。它不同于日常生活中盲目、凌乱、被动地观察和认识,从选择调查课题开始直到完成调查报告为止,整个社会调查过程都要遵循一定的结构和程序。

(2) 社会调查的基本类型有普遍调查、典型调查、个案调查、抽样调查。现代社会调查大多采用通过调查部分来了解总体的抽样调查的方式,它不同于普遍调查,也不同于只对一个或少数几个个案进行调查的个案调查和典型调查。

(3) 社会调查主要借助问卷作为工具或手段收集资料。问卷通常采用自填式问卷与结构式访问两种方法,这是社会调查与其他研究方法的一个主要区别。

(4) 社会调查需要的资料是直接从调查对象那里获取的第一手资料,这使它区别于那些利用间接的、第二手资料的社会研究方式。

(5) 社会调查是一个完整的社会研究类型,既包括资料的收集工作,又包括资料的分析工作。由于社会调查收集的资料可以量化,所以它通常采取统计分析的方法进行资料分析。

二、社会调查的应用领域

随着社会调查方法和技术的不断完善,社会调查的应用领域日益广泛。社会调查的应用领域,可以分为行政统计调查、生活状况调查、社会问题调查、市场调查和民意调查等,如图 0-1 所示。

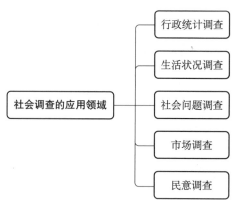

图 0-1　社会调查的应用领域

（1）行政统计调查主要包括由国家和各级政府部门开展的人口调查、资源调查、行业调查、社会概况调查等,其特点是宏观,概况性强。这种调查通常采用普遍调查的方式进行,对于了解一个国家、一个地区或一个行业的基本情况有很重要的作用。行政统计调查的一个典型的例子就是全国人口普查。

（2）生活状况调查通常是对某一时期、某一社区或某一社会群体的社会生活状况所进行的调查。与行政统计调查不同,它的着眼点主要放在了解人们日常社会生活各个方面的基本状况,以综合地反映一个时期、一个地区或一个群体中人们总的社会生活状况。比如对某地区年轻人参与社区治理状况的调查、对某市居民生活满意度的调查等,就是这种调查的例子。

（3）社会问题调查又称社会诊断,是针对社会存在的各种问题进行系统的调查、了解,找出问题的症结,为解决社会问题提供参考意见。例如未成年人犯罪现象调查、离婚问题调查、老年社会保障问题调查等,都是常见的社会问题调查。

（4）市场调查通常是企业为拓展商品市场,更好地服务于生产和销售环节,围绕某类产品或某种商品的市场占有率、顾客的购买情况、产品广告的宣传效果等进行的调查。目前,我国这类社会调查常见的内容有:电子产品市场调查、饮料市场调查、化妆品市场调查、服装市场调查、家电市场调查等。

（5）民意调查也称民意测验或舆论调查,即围绕某些热点问题对民众的意见、态度、意识等主观意向进行的调查。例如,某一时期对人们的心理、看法进行的调查,大众传播媒体对读者和听众、观众进行的受众调查等。

三、社会调查的一般过程

作为一种系统的、科学的认识活动,社会调查具有一种比较固定的程序,这种固定的程序是社会调查自身所具有的一种内在逻辑结构的体现。从大的方面看,我们可以将社会调查的程序分为五个阶段,即选题阶段、准备阶段、调查阶段、分析阶段和总结阶段。如

图 0-2 所示。

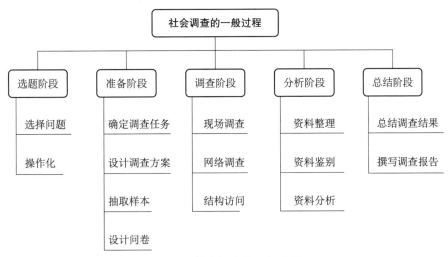

图 0-2 社会调查的一般过程

社会调查的上述五个阶段是相互关联、相互交错在一起的,它们共同构成社会调查的完整过程,去掉其中任何一个阶段,调查工作都将无法进行。

1. 选题阶段

从程序上看,选择调查问题是一项社会调查活动的起点,是整个调查工作的第一步。选择调查问题在初学者看来也许并不困难,但实际上却并非一件简单的事情。因为调查问题确定整个调查活动的目标和方向,调查问题选择得如何,在一定程度上决定着整个调查工作的成败,决定调查成果的优劣。

选题阶段的主要任务包括两个:一是从现实社会中存在的大量的现象、问题和焦点中,恰当地选出一个有价值的、有创新的和可行的调查课题;二是将比较模糊、笼统、宽泛的调查问题具体化和精确化,明确调查问题的范围,厘清调查工作的思路。

2. 准备阶段

如果说选择调查课题的意义在于确定调查的目标,那么准备阶段的全部工作就可以理解为实现调查目标而进行的道路选择和工具准备。所谓道路选择指的是为达到调查的目标而进行的调查设计工作,它包括从思路、策略到方式、方法和具体技术的各个方面。就像实施一项工程之前必须进行工程设计一样,要保证一项社会调查工作的顺利进行,保证调查目标的圆满实现,也必须进行周密的调查设计。这里所说的工具准备,主要指调查所依赖的测量工具或信息收集工具——问卷的准备,当然,还包括调查信息的来源——调查对象的选取工作。

准备阶段是整个社会调查的起始阶段,准备工作的好坏直接影响整个调查的效果,社会调查必须认真做好准备工作。准备阶段的主要任务是:确定调查任务,设计调查方案,组织调查队伍。

准备阶段是整个社会调查的基础阶段。正确确定调查任务是做好社会调查的前提;调查方案的科学设计,是社会调查获得成功的关键;认真组织调查队伍是调查任务顺利完成的基本保证。实践证明,像人口普查、工业普查和农业普查等大型社会调查,往往需要一两年甚至更长的时间进行准备,远远多于实施现场调查所耗用的时间。

3. 调查阶段

调查阶段也称作收集资料阶段或调查方案的实施阶段。这个阶段的主要任务就是按照调查设计确定的思路和策略,按照调查设计确定的方式、方法和技术开展资料收集工作。在这个阶段,调查者往往要深入实地,接触被调查者。调查阶段所投入的人力最多,遇到的实际问题也最多,因此,需要很好的组织和管理。另外,由于社会现象的复杂性,或者由于现实条件的变化,事先考虑的调查设计往往会在某些方面与现实之间存在一定的距离或偏差,这就需要根据实际情况进行修正或弥补,发挥研究者的灵活性和主动性。

进入调查现场,与调查对象直接接触,是获取第一手资料的重要途径。调查者进入调查现场一般采取两种方式:一种是通过被调查者的上级领导介绍,另一种是通过自我介绍或熟人朋友介绍。无论采取哪种方式,都必须真诚、客观地向被调查者说明调查的目的、内容和方法等,以取得对方的支持与协助。

调查者进入调查现场调查可以采取多种方法收集资料,比较常用的有文献资料收集法、访谈法、观察法、问卷法等。无论采取哪种方法,都要做好记录,做到勤问、勤看、勤记,利用一切机会发现问题产生和发展的脉络。既要做好口头资料的收集,还要做好文字资料的收集。同时要及时集中、整理调查资料,做到边收集资料边进行资料审核工作,以便随时发现问题,及时进行资料的补充调查和修正工作。

4. 分析阶段

调查结束之后,需要对新收集的资料进行整理和分析。此时,调查就进入了分析阶段,这个阶段的主要任务是:鉴别整理资料,进行统计分析,开展理论研究。

资料的鉴别整理分为两部分:一是资料的鉴别,即将调查阶段收集到的资料进行全面审核,辨清真伪,消除"假、错、缺、冗"等不足现象,保持资料的真实、准确和完整;二是资料的整理,即将鉴别后的资料汇总和加工,使之系统化和条理化,并以集中、简明的方式反映调查对象的总体情况。

资料的统计分析,就是运用统计学的原理和方法,对所获得的调查资料进行数量关系的研究分析,从中揭示调查对象的发展规模、水平及与其他事物之间的内在联系。通过统计分析,可以证明或推翻假设,为理论研究提供可靠的数据资料,以揭示调查对象的发展趋势。为了提高统计分析的精度和效度,要尽可能利用电子计算机处理各种数据。对资料展开理论研究,就是运用逻辑思维方法以及与社会调查相关的各学科的科学理论与方法,对经过鉴别整理后的事实材料和统计分析后的数据,进行科学思维加工,揭示调查对象的内在本质,说明调查对象的前因后果,预测调查对象的发展趋势,做出调查者自身对调查对象的理论说明,并在此基础上有针对性地提出对实际工作的具体建议。分析、研究阶段是社会调查的深化、提高阶段,是从感性认识向理性认识飞跃的阶段,整个社会调查是否最终出成果,在很大程度上取决于分析、研究阶段。因此,社会调查的领导者和组织者,要利用更多的时间和更大的精力,抓好这一阶段的工作。

5. 总结阶段

总结阶段是社会调查的最后阶段,总结阶段的主要任务包括总结调查工作、评估调查结果、撰写调查报告。调查报告是整个社会调查研究成果的集中体现,主要内容包括以下三个方面。

（1）论述调查结果或研究结论,并对调查过程、调查方法等进行系统的说明,应用性调查的调查报告还会提出政策性的建议和解决社会问题的方法。

（2）总结调查工作,这是对整个社会调查研究过程的回顾与总结,包括整个社会调查工作的总结和每个参与者的个人总结。

（3）评估调查研究成果,主要包括学术成果评估和社会成果评估。必须注意的是:对社会调查成果的评估,必须以实践为基础,在实践中应用调查结论和检验调查结论。认真做好总结工作,对提高调查研究的能力和水平,深化对社会的认识,制定解决社会问题的方针、政策和措施,都具有十分重要的意义。

项 目 一

选择社会调查课题

项目描述

本项目要求学生认识课题的含义与种类,明确选题的意义与标准,掌握选题的过程与方法;通过查阅文献、小组讨论、征询他人意见和自己反复思考,学习如何选题,并确定一个适合本课程学习期间开展实训的调查课题;培养学生对课题的选择、优化、评价能力及查阅文献的能力,培养学生对社区现象和问题的敏感性,培养学生科学、严谨的研究态度。

任务一 调查课题的选择

任务目标

(1)了解社会调查课题的类型和重要性。

(2)掌握选择调查课题的途径和方法。

(3)能够根据社会调查课题的标准,选择调查课题。

任务描述

为丰富校园文化,引导学生关注社会现实,自觉运用所学的知识分析、解决理论与现实问题,某学校开展了社会科学研究大赛,并通过投票选出优胜者。社会调查类的小组做出了以下选题,请你根据选题的标准讨论各自的优缺点。

第一组:A 省社会工作者伦理认知状况调查研究。

第二组:大数据背景下老年人和残疾人公交出行保障研究调研——以 B 市无障碍环境建设立法为例。

第三组:大学生时间管理现状调查研究 ——以 C 大学为例。

第四组:社会力量参与精准扶贫与乡村振兴实施情况的调研——以 B 市 D 村为例。

任务指导

我们可以通过比较选题的重要性、创新性、可行性、合适性四个标准分析课题的优缺点。

从重要性来说,第一组着眼于 A 省社会工作的专业化发展,第二组着眼于 B 市无障碍环境建设立法,第三组着眼于 C 大学的大学生管理,第四组着眼于社会力量参与精准扶贫与乡村振兴实施情况,都有较强的现实意义。四组的选题,都以某个具体的地区为研究对象,分别对"A 省社会工作者伦理认知状况""B 市无障碍环境建设的立法情况""C 大学的大学生时间管理现状"和"B 市社会力量参与精准扶贫与乡村振兴实施情况"进行调研,对于了解地区的实际情况具有明显的实践意义和价值。

关于"社会工作发展状况"的研究是比较常见的,但在社会工作专业化和本土化发展的背景下,对 A 省社会工作者伦理认知状况进行调查就具有较强的创新性。同样,"时间管理"的研究是比较常见的,而 C 大学的大学生如何进行时间管理却是值得研究的问题。对于别人已经做过的调查,采用不同的理论依据、不同的研究方法、不同的研究框架或不同的调查地点,也是创新的一种形式,第二组和第四组的选题就是这种情况。

对调查者来说,可行性和合适性也是这项课题"能不能做"和"是不是最好"的问题。在学校开展的社会调查研究大赛中,"大学生的时间管理"具有较强的可行性和合适性。其他三个选题对于一般学生来说都有一定的难度,但对相关专业并具有一定社会实践经历的学生来说,便具有了可行性。

必备知识和技能

一、调查课题及种类

调查课题是一项调查研究所要解答的具体问题,它是对调查目标的确定,也是对调查任务的明确化,体现了调查研究的中心和重点。按照不同的划分方法,调查课题可以分为不同的类型,主要的划分方法有以下两种。

1. 理论课题与应用课题

根据社会调查目的的不同,调查课题可以分为理论课题与应用课题。

理论课题是以检验和发展某些理论或假设为目的而确立的课题。虽然这种课题的成果也可能被实际应用,但其主要目标是解答社会科学和社会实践各个领域中的理论问题,以揭示社会现象的本质及其发展规律。如"社会转型与职业流动关系的调查研究"就是一个理论课题。

应用课题是为认识和解决现实社会问题而确立的课题,其主要目标是提出解决社会实际问题的方案或对策,以满足社会现实的需要。如"经济危机背景下大学生就业问题的研究"就是一个应用课题。

2. 自选课题与委托课题

根据调查课题的来源,调查课题可以分为自选课题与委托课题。

自选课题是研究者自己根据研究兴趣和需要选取的课题,如从事儿童教育研究或实践的人员,根据自己的学术兴趣或实践需要对三孩家庭教育问题进行的研究。

委托课题是由有关机构、部门、单位、老师委托或分配给研究者的课题,如受民政部委托对社区社会组织进行的研究。

二、调查课题选题的意义

选择课题是调查研究的开端,课题的选择是否正确、恰当,直接影响调查研究的价值和成效。爱因斯坦说:"提出一个问题往往比解决一个问题更重要。"具体来说,选择调查课题具有以下四个方面的重要性。

1. 调查课题的选择决定了调查的方向

调查课题就是一项调查所要达到的主要目的或要完成的主要任务,即研究者所要达到的目标,选择课题就如同确定目标。目标一旦确定了,方向也就确定了,整个社会调查的基本道路也就随之确定。

2. 调查课题的选择体现调查者的水平

选择和确定调查课题,需要研究者掌握一定的专业理论知识、调查研究方法和各种操作技术,并具有开阔的视野、敏锐的洞察力、较强的判断能力和一定的社会生活经验。因此,调查课题本身也反映了研究者的理论素养和调查研究的水平。

3. 调查课题的选择制约调查的过程

选择的调查课题不同,调查指标的设计、调查工作的安排也会有所差异。因此,调查课题确立了,也就确定了社会调查的"特定道路",即确定了社会调查的对象、内容、方法、规模及方案等。

4. 调查课题的选择会影响调查的质量

对于从事某一课题的研究者来说,调查课题是否合适、是否可行,将决定整个调查的成败,这也是影响调查质量的一个很重要的方面。

三、调查课题选题的途径

不同的课题类型选题的方法不尽相同。委托课题通常自主性较小,有的课题的研究者没有决定权,主要任务就是按照委托或委派单位的要求去完成课题。有的委托课题题目大、内容广,包含若干子课题,研究者选择课题时有一定的自主性和灵活性,可在主课题所提供的框架内,根据自己的研究方向和兴趣选择一个具体的课题。研究者在自选课题选题的过程中,自主性非常大,可以根据自己的研究领域、研究方向、研究兴趣或实际工作的需要,由自己选定调查课题。一般而言,可以从下面几种具体途径进行考虑。

1. 社会现实

现实社会是调查课题最丰富、最经常的来源。从改革开放开始到现在,我国一直处于社会转型时期,存在许多需要调查研究的社会问题,每个调查者都要善于观察、勤于思考。在日常生活中,我们要养成对各种社会现象、社会行为、社会心理、社会问题"经常问个为什么"的习惯。这样做可以使我们从纷繁复杂的生活和变化无穷的社会现象中,提炼出值得研究和探讨的调查课题。对于这一点,我们可以借用一句格言来概括:处处留心皆课题。在千姿百态、丰富多彩的现实社会中,各种可以作为调查课题的社会现象、社会行为、社会问题,始终存在我们周围,例如社会治安、城市交通、邻里关系、基层选举、医疗保障、大学生就业、农民工子女教育等林林总总,不一而足。当我们从认识和研究社会问题这一目的出发,向自己提出一些"为什么"时,就会从随处可见的社会现象、社会行为、社会问题中,提炼出一些值得探讨的社会调查研究课题来。例如,对于生活在城市社区的人来说,居住在单元楼房、安装防盗门、出入锁门、邻里之间很少串门等,都是大家熟悉的现象。然而,当我们从认识和理解城市居民生活方式及城市社区邻里关系这一目的出发,自己提出一些"为什么"来思考时,就会从中找到诸如"城市居民居住方式与邻里关系研究""城乡社区邻里关系比较""和谐社会与和谐社区研究"等调查课题。从现实社会生活中发现调查课题,关键是要善于观察、勤于思考。只要观察生活,就能从现实社会中发现可以调查和研究的问题。当然,要学会观察生活,必须热爱生活,要关心周围发生的事情,并保持高度的敏感性和好奇心,才能发现更多可以探讨的问题。

2. 个人经历

个人经历是人们观察各种事物、理解各种现象的基本视角和出发点。因此,对于以观察和理解社会现象为目的的社会调查来说,同样也离不开个人经历的帮助。特定的个人经历可以更好地理解或把握研究课题。一个没有婚姻经历的人,很难做有关婚姻家庭方面的研究;一个出生在城市,并且很少下乡,没有农村生活经历的人,很难从事有关农村问题的研究。

每个人都在某个特定社会环境中生活,所走过的往往也是一条特定的人生道路,形成了不同的参与社会生活的记录,积累和沉淀了对社会生活不同的认识与感受,也就会形成了观察事物的特定视角。不同的人对现实社会的认识不同,对社会生活的具体感受也不同。一种现象在有些人看来也许是理所当然、司空见惯的,但在另一些人看来或许会疑惑不解、十分新奇。因此,我们在社会生活中的各种经历、体验、观察和感受,常常是众多有趣的研究问题的最初来源,许多有价值的、有创造性的研究问题也正是从研究者个人的经历和经验中,特别是从个人特定的生活环境和生活感受中发现和发展而来的。例如,有的学龄儿童由于家庭经济原因被迫辍学。对于大多数生活在城市的学生而言,很少能直接观察到此类现象,而对于生活在农村的学生来说,却能很容易看到此类现象。尤其是当类似的事情发生在我们的亲戚朋友身上时,更能引起我们的共鸣,由此便能启发我们进行很多有意义的研究,选择诸如"农村教育问题调查""农村失学儿童问题调查"等课题。又如,一对夫妻离婚了,这种事情在现实生活中并不稀奇,对与之关系不密切的人来说,可能无动于衷,或者只是作为茶余饭后的谈资。但这件事如果发生在自己身边,比如邻居或好朋友,抑或姐姐离婚了,就有可能思考一下这种现象,去问一些"如何""什么样"或"为什么"等问题,从而促使他选择类似"离婚行为的影响因素""离婚对未成年子女成长的影响"等调查课题。

从某种意义上说,这种从个人自身经历中寻找课题的方式,是一种十分简单实用的方法,在许多情况下,它经常可以帮助我们找到非常有价值的调查课题。

3. 文献资料

学术著作、教科书、各类期刊、研究报告等文献资料常常成为引发研究灵感、启迪研究心智、催生研究想法的重要来源,许多调查课题正是在此基础上才得以形成。社会科学期刊上大量与社会研究有关的论文和研究报告,代表了过去和现在的研究者对社会生活各个方面的研究成果,常常是寻找研究课题的重要来源。此外,一些非专业的、综合性的,甚至大众性、通俗性的文献中也有大量的社会问题可供我们去发现和探索、研究。阅读各种文献时，要注意以下两点。

一要始终带着审视、提问、评论的眼光，不要盲目地接受专家们所说的一切。由于个人生活经历、社会阅历、关注的问题不同，也必然使审视问题的视角不同，对同样的文献、同样的内容、同样的材料的看法也就有所不同，从而产生一些新的疑问、新的思索，迸发出新的火花，找到有价值的调查课题。

二要进行广泛的联想，从纵向与横向、形式与内容、对象与方法、时间与空间等不同角度、不同侧面，对所阅读的文献展开广泛的联想。由此及彼，往往也能产生一些新的疑问、新的看法，并在此基础上进一步提炼出一些新的调查课题。比如，当我们在文献中读到了有关互联网对目前大学生的生活方式产生了重要影响的有关材料时，我们就可以进一步展开联想：目前互联网对大学生的学习方式、交往方式、消费方式等方面是否也产生了同样的影响？变换一个角度还可以问：既然互联网对大学生的生活方式产生了重要影响，那么它对其他群体比如中小学生、教师、公务员、农民工等也是否产生了影响呢？这样，就会发现一些值得研究的新课题。

四、调查课题选题的标准

选题过程中必须遵循四项选题原则，即选题的重要性、可行性、合适性和创新性。

1. 重要性

重要性是指调查课题所具有的意义或价值。通俗地说，就是指一项调查课题的用处。我们所调查的任何一项课题，首先必须具有某种意义或价值，或者说，首先必须是"值得去做"的。当然，对不同的调查课题来说，这种意义或价值会有大有小。同时，这种意义既可以是理论方面的，也可以是实践方面的，或者是理论与实践两方面兼而有之的。

理论方面的意义或价值，主要体现在调查课题对某一门学科的发展、对某种理论的形成或检验、对社会规律的认识、对社会现象的解释等所能做出的贡献上；而实践方面的意义或价值则主要体现在调查课题对现实生活所提出的各种具体问题能否进行科学的回答和能否提供合理的解决办法方面。例如，调查课题"社会转型与职业流动的调查研究"，其关注点主要在于探讨社会生活中的职业流动现象与整个社会转型之间的关系，因而主要具有理论方面的价值；而调查课题"当前我国的吸毒现象及其防治对策研究"，则主要针对现实社会生活中存在的具体社会问题，因而具有明显的实践意义。

在众多可供选择的调查课题面前，要思考或评价一项社会调查课题是否具有重要性，就等于先问问自己：做这项调查课题有没有用处？有什么用处？有多大用处？无论是在提高人们对社会现象、社会过程、社会规律的认识和理解方面，还是在促进解决社会问题、改善社会管理、提出社会政策方面，越有用处的课题越是好课题，用处越多的课题越是好课题，用处越大的课题越是好课题，也是越值得去研究的课题。

2. 可行性

可行性指的是研究者在现有的主、客观条件下选择的这项调查课题能不能行得通。要选择客观可行的题目，客观条件制约着一切事物的存在、变化和发展，任何一项活动能够进行并顺利完成，前提是具备各种能够保证其完成的客观条件。在许多情况下，越是具有重要价值和创新性的调查课题,它所受到的主观、客观限制往往也越多,它的可行性往往也越差,要进行或完成这样的课题研究常常十分困难,有时甚至是完全不可能进行的。

主观限制是指研究者自身条件方面的限制。它包括调查者在生活经历、知识结构、研究经验、组织能力、操作技术等方面的限制,甚至还包括调查者的性别、年龄、语言、体力等因素的限制。例如,一个年轻的男性大学生研究者如果选择"离婚妇女的心理冲突与调适研究"这样的调查课题,从可行性方面来考察,我们就会发现,这一课题对于这个大学生研究者来说是不太可行的。因为无论是从他的年龄、性别、社会生活经历等个体因素来看,还是从他对相关背景知识的熟悉程度来看,都与这项调查课题的特点和要求相差较大,往往很难圆满完成这一课题。同样的道理,一个不懂少数民族语言和风俗习惯的研究者,如果选择一个以少数民族成员为调查对象的调查课题,显然也是不可行的。

客观限制是指进行一项课题调查时受到的外在环境或条件的限制。在可行性方面要思考几个问题:调查内容是否存在违反社会伦理道德、国家政策法令或与调查对象的宗教信仰等相违背的地方?该项课题是否适合通过社会调查的方法进行研究?调研经费是否能够满足课题研究?有关文献资料能不能取得?所涉及的对象、单位和部门能不能给予必要的支持和合作?这些都是一项调查课题顺利进行的客观条件。比如,要进行"失独家庭的社会支持状况"课题的研究,就要深入社区对失独家庭进行访谈,如果得不到有关部门的支持与配合,恐怕研究者连调查对象都找不到,收集资料就更不用说了。

3. 合适性

合适性指的是所选择的调查课题是否最适合研究者的个人特点。这种个人特点主要包括研究者对该调查课题的兴趣、研究者对与调查课题相关的社会生活领域的熟悉程度、研究者与所调查的对象之间的相似程度,以及研究者所具有的各种资源、条件与该课题的要求相符合的程度等。

合适性与可行性不同,对研究者来说,可行性是这项课题"能不能做"的问题,而合适性则是关于这项课题"是不是最好"的问题。具有可行性的课题也许会有很多,但对于某个具体的研究者来说,最适合他的课题则往往只有一个。也可以说,可行的课题不一定是合适的课题,而合适的课题首先必须是可行的课题。

个人兴趣虽然不应该是影响课题选择的决定因素,但我们却可以说它是帮助和促使研究者做好课题研究的一个重要因素。因为兴趣可以促使人们去克服困难,取得成功;兴趣可以调动研究者的积极性,容易在大脑皮层形成相应的优势兴奋中心,从而为思维的飞跃、灵感的出现做好准备。

研究者对与可行的课题相关的社会生活领域的熟悉程度,也是影响调查课题能否顺利进行的一个重要因素。在可能的条件下,研究者应该尽量选择与自己所熟悉的社会生活领域相关的调查课题,而不要选择自己比较陌生的领域的课题。对于调查者与调查对象的相似性(或同质性)问题,虽然有不同的看法,但是,在大多数情况下,二者之间的相似程度越高,越有利于调查的进行,也越有利于调查者对调查资料的分析和理解。

4. 创新性

创新性也可以称作独特性,它指的是调查课题应该具有某种新的东西,具有某种与众不同的地方,具有自己的特点。选题的创新性是指尽可能选择别人没有调研过的课题,即别人没有提出过的,或虽提出来了但没有解决或没有完全解决的课题,这样的课题才具有新颖性、开拓性和先进性。别人已经做过的调查,如果我们也要做,则必须是从新的视角、新的侧面来研究老问题,采用不同的理论依据、不同的研究方法、不同的研究框架、不同的调查地点,而不是在同一个领域、同一个层次、同样的范围简单重复别人做过的调查。因此,新颖性并不是全面创新,更多的是在研究对象、研究角度、理论依据、研究方法及研究内容等某一方面或几方面具有创新性。

选择课题时的创新性要有明确的目的,要根据理论或实践的价值和需要,而不能单纯为创新而创新。例如,一个对青年人的婚姻家庭问题感兴趣的研究者,在他看到前人研究过"大城市青年结婚消费问题调查"的课题后,选择"中小城市青年结婚消费问题调查"的课题进行研究,或者选择"农村青年结婚消费问题调查"的课题进行研究,这就在调查的对象上有了创新性;如果他选择"大城市青年结婚仪式选择调查"的课题进行研究,或者"大城市青年恋爱问题调查"的课题进行研究,这就在调查的内容上有了创新性。

以上我们介绍了选择调查课题时人们通常采用的四条标准,需要进一步指出的是,这四条标准之间存在着某种层次上的联系:重要性是最基本的标准;创新性则是在重要性的基础上提出的新的标准;可行性在某种意义上说是课题选择的决定性标准;而合适性则是在前三条标准的基础上提出的更进一步的标准。这四条标准层层深入,从几个不同的侧面,将一个理想的调查课题从最初众多不成熟的想法、思路和课题雏形中,逐渐分离出来。

任务二   调查课题的明确化

✈ 任务目标

(1)了解课题明确化的含义和重要性。
(2)掌握课题明确化的途径和方法。
(3)能够通过文献分析,将社会调查课题明确化。

📖 任务描述

在开展大学生暑期社会实践之前,同学们提交了自己的选题。学生甲选择的调查课题是"农村留守儿童价值观调查研究",学生乙选择的调查课题是"当前农民工的困境问题调查研究",学生丙选择的调查课题是"城市社区的婚姻家庭问题调查研究"。在接下来开展调查的时候三人却发现无从下手,这是怎么回事呢?

📚 任务指导

经过分析,发现这三个调查课题的复杂程度很高,课题的可行性很差。造成这种情况的一个重要原因在于选择的题目在内涵上、范围上过于一般和广泛,调查的课题不够明确,焦点不够集中。

要想开展研究必须将选题转化成切实可行的调查课题。在学生甲的题目"农村留守儿童的价值观调查研究"中,"价值观"这个概念的内涵非常广、抽象层次很高,一次具体的社会调查很难了解透彻。我们可以对这个题目进行分解,将它划分为人生观、集体观、利益观、劳动观、幸福观……选择其中的一个作为调查的题目,或者将其列为不同的子课题纳入整个调查课题中,当然后者的规模比较大,需要研究者拥有一定的资金、人力、时间等,不太适合作为学生的选题。

学生乙应该仔细想想,究竟是想了解农民工的家庭结构问题、子女教育问题,还是社会融入问题?究竟是想了解我们国家整体农民工的问题,还是仅想考察某一地区农民工的问题?多问几个"为什么",才能使最初比较宽泛的调查主题或调查范围明确化。从操作的角度而言,调查课题明确化的具体方法实际上就是清楚地界定调查范围、确定调查对象、明确调查内容。界定调查范围,就是把一个很大的调查范围缩小为一个省、市、县(区)甚至一个单位。这样,课题在调查范围方面较其初始题目要小得多,对学生而言,可行性也相对更强。学生丙的题目也有同样的问题,可以把它明确为城市社区的婚姻家庭问题中的某项具体问题,比如亲子关系、代际沟通或结婚消费等。

总之,我们要清楚,在尚未进行文献回顾和课题明确化之前,就急切地开始进行调查准备阶段的其他工作,虽然是可行的,却不是高效的,常常会做一些重复劳动。因此,在进行社会调查时,研究者应该养成明确问题内涵这一良好习惯。这样,社会调查的质量和水平从开始阶段就能得到基本保证。

必备知识和技能

一、课题明确化的含义

调查课题的明确化,是指通过对调查课题进行某种界定,给予明确的陈述,从而使头脑中最初比较模糊的想法,变成某一领域的调查主题,然后将这种比较笼统、宽泛的调查主题,变成特定领域、特定现象中的特定问题。从这个意义上讲,调查课题的明确化是从一个宽泛、笼统的调查主题到一个具体、明确的调查课题的过程,是一个逐渐"收敛"的过程。

在实际选择一项调查课题时,初学者或缺乏经验的研究者经常犯的一个错误,就是只选择一个比较宽泛的或者比较笼统的课题领域,甚至是某一类社会现象或社会问题,而不是一个明确的、具体的调查课题。

二、课题明确化的方法

要使我们所研究的问题明确化,可以从以下两个不同的方面做出努力。

1. 缩小问题的内容范围

对初学者来说,要使所研究的问题明确化,可以采取先将宽泛的问题转化为具体的问题、将一般性问题转化为特定的问题的做法,通过不断缩小问题的内容范围来达到这一目标。在将宽泛的问题转化为具体问题的过程中,"文献回顾"往往具有十分重要的作用。

2. 清楚明确地陈述研究的问题

陈述研究的问题也是使研究问题能够明确化的十分重要的一步,无经验的研究者常常意识不到问题的陈述所具有的重要性。这种重要性主要体现在它划定了与研究相关的资料的范围,它使研究者知道哪些资料必须考察,哪些资料可以放在一边。同时,这种陈述还能够在一定程度上帮助研究者选择和确定研究的方法。好的问题陈述具有以下两种特征:所陈述的问题必须是在研究者的能力范围之内;所陈述的问题既不能太宽泛,又不能太细微。

在陈述问题时,我们应该考虑以下两点。①陈述问题必须清楚明白。同时,在陈述和明确化的过程中,最好运用变量语言,采用提问的形式。除单纯的描述研究外,问题陈述必须至少包括两个变量。②问题陈述必须是可以检验的。可以检验是指所研究的问题必须能够产生不止一种答案,只有一种答案的问题陈述是不合格的问题。

我们应该明白,在清楚、明确定义研究问题之前,就匆匆忙忙地去收集资料,这种做法尽管是可行的,但却不是有效的。因为这样做的结果常常是:在所收集的资料中,许多是无用的,许多是错误的,许多又是残缺的。因此,在具体研究一项社会调查课题时,应该养成首先将问题明确化的好习惯。当我们充分运用了上述知识,就会选到一个有价值、有新意、切实可行、自己也很感兴趣的研究问题,同时,这一研究问题又经过了明确的界定和清楚的表述,那么,这项调查研究的质量和水平,以及整个调查研究过程的顺利进行,从一开始就有了基本保证。

三、文献回顾

文献回顾是为了了解该领域研究的基本情况,而对与问题相关的各种文献进行系统的查阅分析的过程。对社会调查而言,文献回顾也是选题阶段的重要工作之一。它能帮助研究者熟悉和了解本领域中已有的研究成果,便于确立自己的调查在该领域中的位置,知道自己对发展理论和解决现实问题所做的贡献;也可以为研究者提供一些可供参考的调查思路和调查方法,借鉴其他作者研究问题的角度、策略、方法等;还可以帮助研究者确定自己的研究框架,为解释调查结果提供背景资料。

文献一般包括相关著作、相关论文、统计资料和档案材料,目前,相关论文是主要的文献资料。在现代社会,除了一些私人档案资料,绝大部分文献都集中在图书馆、档案馆和网络上。研究者可以运用不同的检索工具,到图书馆、档案馆、网络上寻找自己需要的文献。学术论文和调查报告是社会调查研究中被查阅次数较多的文献资料,研究者可以通过各种检索工具进行查阅。

一般而言,查阅文献有两种方法:一是借助必要的纸质载体的检索工具检索书目、索引、文摘、年鉴、辞典等。二是借助数字文献载体的检索工具进行检索,目前国内常用的数字文献载体有中国知网、万方数据数字化期刊。向相关网站输入自己研究的课题名称,就可以获得大量的相关文献资料,如论文、报告等,可以根据需要下载一些与初选课题相关的资料。

在选择和确定了对自己实施调查有参考价值的文献后,需要通过浏览、泛读、精读等方式了解参考文献的主要观点、研究方法、研究思路、研究内容等,在此基础上总结前人的工作及得出的结论,并指出存在的局限或不足。例如,已有文献有没有对这个课题做过研究或与这个课题相关的研究?与课题有关的理论背景、研究框架是什么?有什么不足和局限？文献所使用的研究方式、研究方法有哪些？具体的调查对象、抽样设计、样本规模、资料收集与分析方式是什么？存在哪些不足和局限？文献中已有的研究成果或结论有哪些？这些成果的水平如何？文献所使用的研究工具、所得出的结论等是否具有时效性？等等。然后，在弥补前人缺陷或填补空白的基础上，提出自己调查的问题。因此，文献回顾并非简单的文献摘要，不仅要有"述"，还要有"评"，"评""述"结合，才是文献回顾之要义，才能更好地帮助研究者进行调查选题。

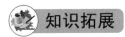 **知识拓展**

毛泽东的社会调查

中国共产党继承和发展了马克思主义社会调查的优良传统。为了把马克思主义同中国革命的具体实践结合起来，中国共产党对中国农村、城市中的各个阶级的状况进行了广泛的调查，对中国社会调查事业的发展作出了重要贡献。尤其是毛泽东同志对发展马克思主义社会实践与理论作出了杰出的贡献。

毛泽东同志在 20 世纪二三十年代为解决中国革命的理论和策略问题，对中国社会进行了调查，特别是对当时的阶级状况和农村土地问题进行了一系列的社会调查，如《湖南农民运动考察报告》(1927)、《寻乌调查》(1930)、《兴国调查》(1930)、《才溪乡调查》(1933)等。在毛泽东同志的倡导下，中共中央于 1941 年发布了《中共中央关于调查研究的决定》，动员全党广泛开展调查研究。此后，在张闻天等党政领导人的亲自带领下，调查人员对陕北地区进行了大规模的调查，写出了《绥德、米脂土地问题初步研究》《米脂县杨家沟调查》《临固调查》《保德调查》等一大批调查报告，它们对制定中国土地革命的政策和策略有重要影响和作用。毛泽东同志创立和发展的具有中国特色的一套行之有效的社会调查方法，主要内容有以下几个方面。

第一，文献法。即通过搜集各种文献资料，摘取与调查课题有关的情报的方法。它是社会调查研究的第一步。并不是所有的读书都是调查方法，但像毛泽东同志那样为了批判地继承前人已有的研究成果，为了弄清现实问题，采取科学的方法读书，搜集资料，则是调查研究的一个重要方面。

第二，解剖麻雀。"麻雀虽然多，不需要分析每个麻雀，解剖一两个就够了。"毛泽东同志在 1948 年 4 月同《晋绥日报》编辑人员谈话时说："天下老鸦一般黑。性质相同的只要研究一个典型材料，能够说明问题就够了。"他以《湖南农民运动考察报告》来说明农民运动"好得很"，以《寻乌调查》来弄清富农与地主的问题。解剖麻雀法的实质是从个性中寻找出共性，然后发现问题、提出问题，再寻求解决问题的办法。

第三，调查统计法。社会调查中的统计是对社会现象的数量方面进行调查、整理和分析等具体的实践活动。统计数字具有很强的概括力和表现力。早在"兴国调查"时，毛泽东同志就对该地区永丰区(今永丰县)旧有的土地关系进行了深刻调查，并用统计方法加以说明，指出地主占全区人口 1%，富农占全区人口 5%，二者共占全区人口 6%，而占有土地却是 80%，占全区人口的 80% 的农民，却只占 20% 的土地。因此，毛泽东同志得出的结论只有两个字：革命！因而也日益增加了他革命的信心，相信革命是能够获得百分之八十以上人民的拥护和赞成的。后来，毛泽东同志把"胸中有数"概括为领导工作方法中的重要一条，强调社会调查研究中数字方法的重要作用。

第四，"走马观花"法，即大略地调查研究。也就是说，经常到基层单位走走、看看、听听、问问、议议。1961 年，毛泽东同志纠正浮夸风，重新提出"大兴调查研究之风""要搞个实事求是年"的口号。这样，从中央到地方，对工厂、农村的状况展开了广泛调查。通过这种方法不但可以了解到许多直接的、具体的、生动的情况，增加许多感性认识，而且还可以发现问题、提出问题。

第五，集体访谈法，即访问者通过口头交谈等方式向被访问者了解社会实际情况的一种方法。这种调查是面对面的口头调查，当被访问者对问题不理解或理解得不正确时，访问者可及时引导和解释。因此，集体访谈法可以提高调查工作的可靠性。1956 年春，在毛泽东同志的领导下，中央政治局连续听取了中央 30 多个部门的工作汇报，毛泽东同志还亲自做了一些调查，查阅了大量资料，后来写成了《论十大关系》这篇著名的文章。

项目能力训练

（1）上网找出下列论文的出处。

① 罗燕. 高职生心理健康现状调查与分析：以辽宁省 8 所高职院校的调查数据为例。

② 王国诚，王伟，曾锐，等. 当前高职学生学习投入现状及提升对策：基于广东粤东地区高职院校的调查。

③ 王娅瓔. 新时代大学生精神生活现状调查研究。

④ 王群群. 大学生偶像崇拜现状调查及思想政治教育对策研究。

⑤ 代安娜. 大学生学业考试观的调查研究。

⑥ 李芸芸. 疫情防控背景下大学生志愿服务现状调查研究。

⑦ 高馨. 高职大学生创业胜任力现状及对策研究：以常州高职园区 766 名高职生调查为例。

⑧ 岑敏恩. 大学生中国特色社会主义制度显著优势认同培育研究：基于对广西高校学生的调查分析。

⑨ 赵俊博. 网络游戏对大学生的影响调查研究。

⑩ 邹秀春，杨良子. 新时代大学生社会公德状况调查与分析。

（2）从以下题目中任选一题，利用中国知网网站查找相关文献，并从中选出 5 篇文献，综合概括出它们反映了哪几方面的问题。

① 大学生就业心态。

② 大学生就业能力。

③ 女大学生就业现状。

④ 高职大学生就业能力。

⑤ 高职大学生就业难的原因。

（3）从下面 10 个题目中初步选择一个你认为比较适合你开展研究的课题（也可以在下面 10 个题目外，自己初选一个题目），要求根据选题的四条标准分别一一说明选择和不选择的理由。

①当前我国城市居民生活质量现状及影响因素调查；②当前青年结婚消费观调查；③城市居民居住方式与邻里关系研究；④青少年上网状况调查；⑤高职院校专业设置与课程开发研究；⑥高职院校顶岗实习制度创新研究；⑦高职大学生勤工俭学现状、问题与对策研究；⑧我校大学生就业心态调查；⑨高职学生顶岗实习状况调查；⑩高职学生心理健康状况调查。

项目综合训练

运用本项目所学的知识，选择一个合适的调查课题，并进行论证。

扫描二维码下载项目综合实训内容（表 1-1），可结合实际调整内容和格式。

表 1-1 项目综合实训参考模板

（ ）调查课题的选择与论证	
（一）选择研究主题	
（二）分析研究主题	
（三）选择研究问题	
（四）陈述调查课题	
（五）课题的论证	1. 重要性论证
	2. 创新性论证
	3. 可行性论证
	4. 合适性论证
（六）参考文献	

项目综合实训
参考模板

项目二

设计调查方案

项目描述

本项目培养学生系统规划调查研究的能力；要求学生能围绕调查目的，区分调查对象、分析单位、抽样单位；能选择恰当的调查方法并具备制定具体的调查方案的能力。通过项目学习，培养学生认真负责、科学严谨的态度。

任务一 调查设计的准备

任务目标

（1）理解社会调查的目的和类型。

（2）明确调查设计的准备工作，把握分析单位、调查对象与调查单位等概念的联系与区别。

任务描述

某研究者在开展"三孩生育意愿与学历水平"的调查中，发现甲街道的三孩生育率大大高于乙街道，同时还发现，甲街道育龄妇女的学历水平大大低于乙街道的比例。在对这些资料进行分析的基础上，研究者得出结论：学历水平越高的女性居民生育三孩的意愿越低，或者得出结论，女性学历水平与三孩生育意愿之间存在相关。你觉得这样的分析有道理吗？

任务指导

这项调查结论出现了层次谬误，因为我们不知道这两个街道中，哪些女性的学历水平高，也不知道是哪些女性有比较高的三孩生育意愿，所知道的只是对于城市街道生育率总体来说的女性学历分布和三孩生育意愿，只能说也许是甲街道育龄妇女中那些中等学历甚至低学历的居民生育意愿更强。想要做出女性学历水平与三孩生育意愿的关系，研究者就必须以育龄妇女，而不是以街道作为分析单位来收集相关的资料。

必备知识和技能

调查设计就是根据调查目标,对整个调查研究工作的内容、方法、程序等进行规划,包括制定讨论和回答调查问题的策略,确定调查的最佳途径,选择恰当的调查方法,以及制定具体的操作步骤和实施方案等。

在进行调查设计,撰写调查设计方案之前,以下三项工作需要注意:明确调查目的、确定分析单位和确定调查内容。

一、明确调查目的

明确调查目的是调查设计前的主要问题,只有确定了调查目的,才能确定调查的范围、内容和方法。社会调查有三种基本目的:探索、描述和解释。但在社会调查中,这种划分不是绝对的,而是相对的。在现实生活中,每项具体的社会调查往往只能表现为相对侧重于某一目的,同时还可能包含另一方面的目的。

1. 探索性调查

人们在探讨某个社会现象的时候,首先始于对这个现象的初步认识,社会调查最初在某一领域展开研究的时候,多数被作为一种探索性的调查活动。对于某个新的研究内容和研究领域或者研究者本人感到比较陌生的课题,尤其适合以这个目的展开调查。

探索性调查在方法上的要求比较简单,它通常可以采用参与观察、无结构式访问、兴趣群体访谈等方式来进行资料的收集工作;它的调查对象的数量较少,抽取规则也十分简单、随意;主要使用定性的分析方式进行;所得结果并不推广到总体中去,也不进行某种理论假设的检验,而是用来初步考察某现象和问题的大致情况。在社会科学研究中,探索性调查是很有价值的,尤其是当研究者要开发新的研究领域时,常常借助这种方式来获得新的观点。

2. 描述性调查

描述性调查就是系统地了解社会问题、社会现象的状况及发展过程,通过对现状准确、全面的描述,反映总体的特征及其分布情况。由于描述性调查的焦点在于描述总体状况,它在方法上和探索性社会调查有较大区别。描述性调查要做十分周密的前期准备工作,要采取严格的随机抽样方法来抽取样本,样本的规模通常比较大,资料收集方式也比较规范,通常以结构式问卷、结构式访问为主,所得的资料一般需要进行定量的统计分析,并将调查结果推广到总体中去。

3. 解释性调查

以解释为目的的社会调查,比较关注"为什么"这个问题,也就是说社会调查还经常被用来说明社会现象发生的原因,探索社会现象的发展趋势,揭示社会现象之间的相互关系,进而了解不同的社会现象之间的因果联系。

解释性社会调查涉及的变量相对其他两种调查目的更多、更复杂,常常需要进行变量之间关系的理论假设。它通常在某种理论框架下,依据需要,按照随机的原则抽取样本,样本的规模介于描述性调查和探索性调查要求的样本量之间,可以使用结构式问卷或通过结构式访谈收集资料,并用更复杂的分析方式分析资料,常常需要运用双变量或多变量的统计分析,得到的结果也要推广到总体中去。

二、确定分析单位

分析单位是指课题的研究对象,即课题目的和任务所指向的主体。分析单位不同于调查单位。调查单位是指被调查的对象,即直接参与填写问卷或访谈、为研究提供信息和资料的人或单位。分析单位不限于个人,它还有一些其他的类型,比如家庭、学校、公司、企业、城镇等。对某个对象的研究,可以从不同的调查对象获取调查信息;从同一个调查对象获取的材料和信息,也可以用于不同分析单位或分析对象。

(一)分析单位类型

1. 个人

在社会调查中最常采用的分析单位就是个人。这种"个人"在具体的调查中是不一样的,它既可能是大学生、中学生,也可能是工人、农民、经商者,或者是城市居民、老人,等等。正是通过对个人进行描述,并将这些描述进行聚合和处理,才能够描述和解释由个人组成的各种群体,以及由个人的行为和态度构成的丰富多彩的社会生活现象。

比如,研究者将某校社会工作专业 200 名学生作为一个群体来研究,其中男性占 47%,女性占 53%,平均年龄 19 岁,这描述的是他们的基本情况。虽然是将全班作为一个整体来描述,但其描述所依据的基础仍是班里的每个人,基于每个个体特征,还可以描述更大的群体。在了解个体特征的基础上,如果研究者想要了解学业平均总成绩高的学生,在社会工作专业课上获得的成绩是否优于平均总成绩低的学生,就必须计算每一个学生专业课的成绩。然后,将学业平均总成绩高的学生分成一组,将学业平均总成绩低的学生分为一组,比较哪组学生的专业课成绩较好。这类调查的目的是要进行解释分析,并考查一些学生的成绩总是好于另外一些学生的原因。在这里,每个学生是调查的分析单位。由此可见,在社会调查中个体被赋予了社会群体成员的特性。

2. 群体

群体主要指具有某些共同特征的一群人。比如,由若干个有血缘关系或姻缘关系的个人组成的家庭、由若干个居住在一起的个人组成的邻里、由若干名学生组成的班级等,都可以成为调查研究中的分析单位。

群体特征不同于个人特征。例如,家庭的特征包括家庭规模、形式、高档消费品的拥有量等。有些群体特征可由个人特征汇集或提炼而来,如家庭的经济状况是由每个家庭成员的收入决定的。值得注意的是,当我们以社会群体作为分析单位时,我们的研究和分析就不能不包含到群体层次之下,因此,我们可以用家长的年龄、种族、受教育程度等来描述一个家庭。这样,在描述性研究中,我们就可以发现家长受过高等教育的家庭在所有家庭中的比例。而在解释性研究中,我们就可以说明,平均而言,家长受过高等教育的家庭与家长没有受过高等教育的家庭相比,其子女数量的差异。在这两个例子中,分析单位都是家庭。

3. 组织

组织可以分为非正式组织和正式组织。一个非正式组织有可能是某一群体,它们虽然没有明确的规章制度,但具备组织的属性,如街头帮派。当把这种非正式组织作为分析单位时,它可以被视为群体,也可以被视为一种组织。另外,正式的社会组织也是社会科学研究的分析单位,比如企业、院校、军队、工厂等。组织特征包括组织规模、组织方式、管理方式、组织行为、组织规范等方面。调查研究一般要分析某一组织在社会系统中的位置和功能,它与其他部门的联系以及组织内部的结构与人际关系等。

把组织作为分析单位时,我们可以通过组织成员来获得整个组织的特性,这一点与把群体作为分析单位的情况类似。

4. 社区

作为一定地域中人们的生活共同体,社区也可以作为研究中的分析单位。如乡村、小城镇、街区、城市等。我们可以用社区的人口规模、社区异质性程度、社区习俗特点、社区的空间范围等特征对它们进行描述,也可以通过分析不同特征之间的关系,来解释和说明某些社会现象。比如,我们可以探讨社区规模与社区流动人口之间的关系。如同以个人为分析单位的调查研究中的个人那样,从每个具体的社区收集的资料,既能用来描述和反映这一社区自身的具体特征,又能作为若干个具体社区的集合中的一个个案,参与到描述整个社区的集合的特征,以及解释某些特定的社区现象中去。社区研究可进一步扩展到对整个社会的研究,从而上升到宏观层次。

5. 社会人为事实

分析单位还可以是社会人为事实,即人类行为或人类行为的产物。其中一类包括具体的对象,如书本、诗集、绘画作品、汽车、建筑物、歌曲、陶器、笑话、服装以及一些科学发明等。所有的书或某种类型的书,都可以用于描述或解释分析。社会互动形成了社会科学研究的另一类社会事实,比如婚礼、殡葬仪式、考试、课堂教学、家庭制度、文化传统等。我们可以考察不同时期校园歌曲的歌词内容,来描述和解释校园歌曲内涵的变化过程,也可以依据规模的大小、程序的繁简、内涵的传统性或现代性等来对殡葬仪式进行区分。

可以说,分析单位是研究者所要了解的一些个案,它在很大程度上决定了调查方案和抽样方法的制定。在选择分析单位时,应注意两点。

(1)一项研究课题可以采用多种分析单位,如研究职工下岗问题,可以以个人、下岗职工群体或企业组织为单位。研究者应根据社会现象的复杂程度和研究目的来选择分析单位。对于复杂的现象,只有从不同角度、不同层次收集资料才有可能得到更完整、更真实的信息。

(2)在研究中,如果以某一分析单位进行调查所收集的资料不能圆满地解答研究课题时,就应该增加或改变分析单位。例如,要解释"学生考试作弊"的问题,最初应以个人为单位,但当资料不能满足需要时,就应考虑以学校或城市为分析单位。

(二)分析单位的错误推理

在确定分析单位时,要避免发生层次谬误和简化论错误。

1. 层次谬误

层次谬误又称为区群谬误或体系错误,是一种颠倒和混淆不同层级分析单位的错误。它指的是在社会调查中,研究者用一种比较大的集群分析单位作研究,而用另一种比较小的或非集群分析单位作结论的现象。或者说,研究者在一个比较大的集群的分析单位上收集资料,而在一个比较小的或非集群的分析单位上来下结论的现象。比如,当一个研究者收集的是有关某种大的集群(例如城市、公司或工厂)的资料,然后,从这些资料中得出有关个人行为的结论时,他就犯了层次谬误。

例如,在以城市为分析单位调查犯罪现象时,研究者发现,流动人口多的城市的犯罪率大大高于流动人口少的城市,呈现出"城市的流动人口越多,城市的犯罪率越高"的趋势。如果研究者根据这一现象得出结论说"流动人口比非流动人口的犯罪率高",那么,他就犯了层次谬误。因为他的调查资料是以城市(分析单位是社区)为单位收集来的,所得出的也只能是有关城市的结论,而不能是有关流动人口和非流动人口(分析单位是群体)的结论。如果要得出有关群体的结论,或者说要用群体的特征来解释犯罪率,那么,就应该用群体作为分析单位来进行调查,收集有关群体的资料。例如,分别在流动人口和非流动人口中调查犯罪的情况,统计两者的犯罪率,再通过比较来得出结论。

2. 简化论错误

简化论错误又称简约论错误,它指的是研究者仅仅用十分特殊的个体资料来解释宏观层次的现象。从形式上看,简化论错误正好与层次谬误相反。在研究者用非集群的分析单位进行测量,而做出的是有关集群的分析单位是如何运行的结论时,或者说,在研究者所拥有的是有关个人如何行为的资料,但是,他所做出的却是有关宏观层次的单位如何运作的结论时,这种错误最容易发生。

简化论错误在初学者中更容易出现,因为微观层面的数据较容易得到。如有的学生通过调查发现,某政法大学的学生学习兴趣很浓厚,由此得出所有政法学校的学生对学习的兴趣都很高。

当然,"简化论"下的解释也不一定是完全错误的,只是很狭窄、很片面。例如,当研究者试图预测当年中国职业足球联赛中的胜败者时,把注意力完全放在了每个队员的个人能力上;当然,这样的解释并非完全不对,也非无关紧要;但每支球队的胜败不仅仅取决于队员的能力和状态,还涉及教练、团队合作、战略战术、资金筹集、资源设备等其他因素;因此,以队员能力定球队输赢无疑是十分"简化"而片面的。

要避免犯简化论错误以及层次谬误这两种错误,关键的一点是要保证作出结论时所使用的分析单位,就是运用证据时所使用的分析单位。这也提醒我们在做社会调查研究时,必须对所使用的分析单位有一个清楚的认识。

三、确定调查内容

调查内容是收集资料的依据,是为实现调查目标服务的。调查内容是对调查目的的具体分解和细化。在调查设计中,说明调查的内容,是落实调查目标十分重要的一环。调查内容的确定要全面、具体、条理清晰、简练,避免面面俱到、内容过多、过于烦琐,避免把与调查目的无关的内容列入其中。例如,我们要确定调查的课题是"北京市交通状况及问题调查",那么,在进行调查方案设计时,就可以将城区的交通状况分解为交通车辆状况、道路建设状况、交通管理状况及人员流量状况等几个大的方面,然后在每个选定的用于进行调查的大的方面中,根据题目的要求和现有的条件,对调查内容进一步细化,为今后的操作化指标和调查问卷的设计奠定良好的基础。

在有些调查中,尤其是在以解释为主要目的的社会调查中,常常还需要在此基础上进一步提出研究的理论假设,否则不可能设计出科学的调查方案。当然,理论假设的提出并不十分容易,它是创造性思维的产物,其形成是一个复杂的系统思维过程。它一般具有以下特点。第一,假设是针对所要调查的课题而做出的尝试性的理论解释,体现着社会调查的目的,不同于一般的理论解释。第二,假设是在调查研究之前提出来的,它仅仅是假设,不是结论,有待调查结果来验证。第三,假设必须是可检验的,不能提出不可验证的假设,例如上帝是否存在,这是完全无法验证的,不属于社会调查研究假设的范畴。第四,假设或许被调查结果所证实,成为科学结论;或许被调查结果所证伪,部分或全部被推翻;或许被修改、补充、完善;这都是有意义的。提出一个合理的理论假设,有赖于丰富的实践经验、科学的理论知识、客观的实际情况和一定的想象能力,它们是社会调查中理论假设形成的必要条件。

1. 依据丰富的实践经验

经验是从实践中得来的知识,是人们亲身经历或体验过的东西。尽管经验在上升为理性认识之前,往往带有感性认识的成分,但它在内容上是客观的,可能在一定程度上也反映着事物的本质及其发展规律。因此,只要我们客观地认识了形成经验的具体历史条件,掌握了研究对象的内在矛盾和外部条件的新情况、新变化,就有可能从过去的经验中推断出具有一定客观性的研究假设来。事实上,当人们遇到需要解答的问题时,常常首先从过去的经验中寻求答案,很自然地把过去的经验当作第一参照物。人们的实践经验越丰富,可对比的参照物越广泛,提出研究假设的能力就越强。因此,丰富的实践经验是形成研究假设的一个必要条件。

2. 依据科学的理论知识

无论经验多么丰富,但毕竟任何经验都是具体的、过去的知识,常常带有一定的局限性。因此,要形成科学的研究假设,就不能仅仅依靠过去的经验,而必须参考科学的理论。科学理论是客观事物的本质及其发展规律的正确反映,它对我们正确认识问题和处理问题具有普遍指导意义。因此,人们在社会调查过程中,应该自觉地以科学的理论知识为指导,深入研究有关调查课题的各种情况、问题,并努力把理论与实际结合起来,就有可能从现有的科学原理中推导出具有一定科学性的研究假设来。因此,和调查课题有关的科学的基础理论知识是形成研究假设的另一个必要条件。

3. 结合客观实际情况

要形成科学的研究假设,还必须把实践经验、现有理论与当前的实际情况结合起来。这是因为,调查课题之所以成为需要调查研究的课题,就在于它本身是经验和理论不能完全解答的问题,是在一定时间、地点、条件下的带有某种特殊性的问题。因此,我们不能仅仅依靠经验和理论去解决这类问题,而必须参考现实情况,掌握研究对象的特殊情况和最新信息。善于把过去的经验、现有的理论与实际情况结合起来,就有可能概括出具有一定理论价值或应用价值的研究假设来。可见,结合客观实际,是形成研究假设的又一必要条件。

4. 依靠一定的想象能力

形成研究假设还需要一个必要条件,即一定的想象能力。想象是一种特殊的创造性思维,它是人的主观能动性的突出表现。人的意识不仅能反映客观世界,并且可以能动地改造客观世界。当然,这种想象并非脱离现实情况的"胡思乱想"或者"空想",而是以过去经验、现有理论和客观事实为基础的、合乎逻辑的联想和推测。科学想象在形成具有创造性的研究假设中,特别是在寻求从未接触过的调查课题时,具有特别重要的作用。

在掌握研究假设提出的几个必要条件后,我们就可以开始根据调查的内容和调查的目的,提出自己有创造性、有研究价值的理论假设了。

任务二　调查方案的设计

✈ 任务目标

(1) 掌握设计调查方案的过程和方法,重点提高对研究内容进行分解和细化的能力。
(2) 能根据已选定的课题,通过对文献资料的研究,撰写规范的调查方案。

📋 任务描述

某校有关部门委托学生会开展大学生对食堂的满意度调查,想通过这项调查了解学生对食堂各方面的印象,找出学生食堂现存的问题,并有针对性地解决问题,从而提高学生的生活质量,增加学生对学校的认同感。

学生会后勤部小李不熟悉社会调查工作,认为社会调查不就是做个问卷或者调查表,到食堂门口找人填好了,合计一下数字不就可以了吗?其实一项严密的社会调查需要经过若干道严谨的调查程序,才能获得最终的数据。作为社会调查全过程的"排头兵"——调查设计,在调查过程中则发挥着旗帜的作用。小李如何通过学习掌握这项技能呢?

📖 任务指导

总体来看,调查设计就是对调查的全程规划。调查设计需要解决的主要问题是将调查的抽象需求具体为可实现、可操作的调查环节,就像生产某种产品前需要了解该产品能满足什么样的需求一样。通常,在调查设计中需要对调查目的、调查范围、调查方式和方法、调查指标、调查组织计划、主要的分析方法等作出合理的规定,后续的各个调查环节则据此进行相应的细化,制定出具体的操作流程,进而开始实施,完成调查并获得数据。简言之,调查设计就是对调查研究制订的周密计划。当然,不同类型的调查进行的设计会有所差异,没有固定的框架,可以根据调查的具体要求进行灵活的调整。

关于大学生对学校食堂饭菜满意度的调查方案(参考方案)

一、调查背景和目的

民以食为天,食堂是学生的重要活动场所,学生的早饭、午饭和晚饭基本都是在食堂吃,在食堂能不能吃得舒服、健康和营养,不仅是许多学生和家长关心的问题,也是学校极其关注的问题。近年来,许多大学生不满意学生食堂的餐食,选择点外卖或在外就餐,这也给学校的食品安全管理带来很多问题。因此,提升食堂满意度对广大学生的身体健康、切身利益和学校的稳定具有极其重要的作用。

通过调查,会获得同学们对食堂质量好坏评价的各种信息,收集对食堂改善的一些宝贵建议。从而清楚目前食堂需要改善的地方,总结出一些切实可行的办法,进而把学校食堂的质量推向一个更高的层次。调查的任务是准确、系统地收集同学们对食堂质量好坏的评价和建议,并进行分析研究,从中找出目前食堂需改善的地方,提供一些好的建议。

二、调查类型、范围、对象和分析单位

(1)调查类型:描述性社会调查。

(2)调查范围:××职业技术学院在校大学生。

(3)调查对象和分析单位:这次调查所要分析和描述的是大学生对食堂的满意度的情况,分析单位是个人。该调查是以××职业技术学院在校大学生为调查主体,在校大学生将成为本次调查的对象。

三、调查内容

调查的内容与项目主要包括以下几个方面。

(一)食堂饭菜口味、价格、就餐时间

(1)食堂饭菜总体口味是否能被大多数学生接受。

(2)不同地域的学生对食堂饭菜口味的不同感受。

(3)食堂饭菜种类是否多样,有无定期推出新菜系。

(4)食堂饭菜价格是否合理,是否能被大多数学生接受。

(5)食堂对贫困生是否有优惠政策。

(6)学生每月在食堂消费额占生活费用的百分比。

(7)学生排队买饭的时间。

(二)大学生不在学生食堂就餐的情况

(1)校外就餐的频次、花费。

(2)点外卖的频次、花费。

(三)食堂环境、卫生、布局

(1)食堂总体布局是否人性化、安全化、合理化。

(2)食堂地面、桌椅、餐具是否干净卫生。

(3)工作人员个人卫生是否达到标准。

(4)食堂蔬菜肉类采购加工是否达到卫生标准。

(5)食堂饮用水是否来自安全健康渠道。

(6)食堂食物加工用品(如油、调料等)是否符合食品安全规范。

四、调查抽样

为了准确、快速地得出调查结果,此次调查决定采用分层随机抽样法,先按其住宿条件的不同分为两层(住宿条件基本上能反映学生的家庭经济条件)——公寓学生与普通宿舍学生,然后进行随机抽样调查。抽样调查人数 200 人,大一和大二的学生分别占 50%,大一的公寓学生和普通宿舍分别占 50%(公寓:男生和女生各 25 人。普通宿舍:男生和女生各 25 人)。大二与大一分法相同。

五、调查资料的收集方法和分析方法

(一)收集方法

主要采取问卷调查方法,同时采用文献资料研究方法和访问方法。

(二)分析方法

把收集到的资料加以整理,录入计算机,运用 SPSS(statistical product and service solutions)统计软件采取统计描述的方法对调查资料进行定量分析。

六、调查人员的组织和培训

(1)挑选调查员——调查员队伍由 10~15 名学生组成,男女生比例最好相当。具有诚实、认真的品质,较强的与人交往能力,口头表达能力,自我保护能力。

(2)培训调查员——培训内容包括了解调查项目、调查要求、访问技巧,熟悉问卷,试访问,分组,提出管理要求等。

(3)联系调查——与抽中班级的辅导员联系,辅助完成问卷填写。

(4)调查员报酬。

七、调查地点及时间进度

(一)调查地点

××职业技术学院大一和大二学生寝室。

(二)调查时间安排

(1)选题阶段。调查课题的选择与论证。2020 年 3 月 10—15 日。

(2)准备阶段。完成以下各项工作:查阅和收集相关文献资料,拟定和设计详细的调查方案,召开第一次课题组成员会议,组织实施探索性调查,召开第二次课题组成会议,设计问卷,选择部分人进行问卷式调查,抽样设计。2020 年 3 月 16 日—4 月 10 日。

(3)调查阶段。挑选和培训调查员,抽取调查对象,进行问卷调查,收集资料,运用 SPSS 系统软件对调查结果进行初步整理。2020 年 4 月 11—25 日。

(4)分析阶段。运用统计软件对收集的信息进行分析。2020 年 4 月 26—30 日。

(5)总结阶段。撰写调查报告,并进行评估。2020 年 5 月 1—8 日。

八、调查的经费使用计划和物资准备

(略)

必备知识和技能

设计调查方案前,首先要弄清调查方案的基本结构。一般来说,调查设计主要包括以下六个部分:阐述选题的目的和意义,分析课题研究内容并提出假设,确定分析和调查单位、调查范围和抽样方案,说明调查资料的收集方法和分析方法,组建调查队伍和调查人员的安排与培训,制定工作进度和经费筹集与使用计划。

需要说明的是,由于课题的来源、性质、类型不同,调查方案的结构不会完全相同,其具体的写法也需要结合实际的情况。

一、阐述选题的目的和意义

弄清选题的目的和意义是开展课题研究的前提条件,是调查方案开头必写的内容。一般有繁简两种写法。繁的写法主要用于较大型、复杂的课题。一般要写明以下三项主要内容。

第一,提出调查课题的名称,说明调查的目的,即主要解决什么问题。

第二,介绍选题背景及目前国内外研究现状,研究工作现在达到的水平及发展趋势,有哪些问题尚待深入研究;有时,还要说明调查研究的理论依据,要求对现有研究文献资料进行综述,并列出参考文献。

第三,说明调查课题研究的意义。对意义的分析通常要从两方面展开:一是分析说明理论价值,例如说明它可以澄清哪些不正确的认识,弄清哪些还不清楚的关系等;二是分析说明它的实践价值或应用价值,例如证明它可以为某项决策提供依据,为某项改革提出对策,为企业改善经营管理或市场营销提供建议等。简的写法,用于不复杂的小型调查活动。这类调查方案中的目的、意义不必对国内研究现状、研究背景作全面介绍。无论是繁写还是简写,最忌穿靴戴帽,华而不实,大话连篇。

二、分析课题调查内容并提出假设

这是调查方案的主体部分,主要有两个方面内容。

1. 分析目标与任务

分析目标与任务即确定调查的内容。由于每个课题的目的不同,具体的目标和任务也千差万别。但无论何种内容,都可以采取以下两种方法进行分析。

第一,按调查内容的特征进行分析。一是分析调查对象的基本社会特征及分布状况,或者调查对象的基本属性、基本情况。不同调查目的和调查类型,对需要调查和掌握的调查对象的基本特征的项目、数量、深度是不同的,要慎重选择。二是分析调查对象的心理特征及分布状况。主要指调查对象的态度、意见及认识状况,通过对态度、意见和认识及其结构状况的调查,可以间接了解调查对象的观念、信仰、动机、行为偏好、品格、个性、知识能力、文化素养等,获得关于调查对象内心活动的各种资料。三是分析调查对象的行为特征及其分布状况。这里的行为是指调查对象的外部行动,或者说是人、群体、组织、社区等分析单位之间的交互活动。它包括过去的活动、现在的活动及未来可能发生的活动等。任何行为,都是人的有目的的活动,都表现为一种过程。人的活动过程包含目的、内容、特点、时间、地点、人物、事件、原因等因素。要调查研究对象的行为,必然要了解这些因素及分布状况。四是分析以上三类特征及其分布状况的相互关系。

第二,按调查内容的层级可以对调查对象的各种特征和关系进行分解和细化,使调查目的由抽象走向具体。在调查方案中,一般只要求将目的分解为目标和任务,为下一阶段设计调查指标和问卷测试题打好基础。分析的基本方法仍然是在充分阅读和研究文献资料的基础上进行发散和收束思考。

2. 提出理论假设

不是每类调查方案中都必须要有理论假设,探索性调查、描述性调查都可以没有理论假设,但解释性调查方案一般应提出明确的理论假设。假设是对调查对象的内在和外在各因素的相互联系,在调查前进行的初步推断,它是在别人或自己已有研究成果的基础上,通过分析、推导提出的需要经过进一步验证的观点和主张。提出假设,要求事先进行比较全面、深入的文献研究和初步的调查研究。

三、确定分析和调查单位、调查范围和抽样方案

对调查研究目的进行分析和细化后,分析单位也就确定了。所谓分析单位,就是研究问题所涉及的主体。例如研究"中国妇女的社会地位","中国妇女"就是分析单位。调查单位和调查范围,不仅是由调查研究的目的、类型决定的,而且同采用什么调查方法和测量工具有关。一般来说,采用问卷调查方法比采用定点观察、个案访谈等调查方法所调查的对象要更广。

无论是问卷调查还是观察、访谈,都要重视抽样方案的设计。所谓抽样就是采用科学的方法选取调查对象,这是调查中十分重要的工作。在调查方案设计中并不需要完成抽样工作,但要弄清以下几个问题:一是调查对象的总体是什么,将从怎样的总体抽取样本;二是采用什么抽样方法和程序进行抽样;三是样本规模多大和对样本准确性程度的要求如何,为下一步完成抽样工作制定总的方向和原则。

四、说明调查资料的收集方法和分析方法

社会调查的资料收集方法大致可分为四大类:问卷法、访谈法、观察法、文献法。问卷法又有自填、代填、上门填答、集中填答、邮寄填答、网上填答等方式。访谈法有当面访谈、电话访谈、网上访谈、个别访谈、群体访谈、组织访谈等方式。观察法有定点观察、跟踪观察、实地观察、通过仪器或其他手段间接观察等方式。选择什么方式和方法,要根据调查目的、调查要求和实际情况决定。

分析方法包括资料的处理方法与分析研究方法。资料的处理方法有人工登录、清理数据、录入计算机及制作统计表和统计图等。分析方法有定量分析法、定性分析法及定量定性相结合分析法;定量分析又有单变量分析法、双变量分析法、多变量分析法等。在调查方案中,应选择研究中将采用的主要分析方法,并说明大体的分析过程和分析要求。

五、组建调查队伍和调查人员的安排与培训

一支好的调查研究队伍是完成调查工作的根本保证。队伍的规模、人员的素质和结构都要与调查任务的性质、大小、难易相适应。每个调查人员都应有明确的分工。有些调查工作在调查前应进行必要的培训。培训工作应专门制订计划,写明培训目的与要求、任务与内容、方式与方法及时间安排与考核办法等。

六、制定工作进度和经费筹集与使用计划

一般调查工作都要经过调查准备、实施调查、资料整理、分析研究、总结和撰写报告等

阶段。方案要从实际出发,对每个阶段的时间做出明确、具体的安排。任何一项调查研究工作都需要一定的物质条件,必须筹集必要的经费。经费来源通常有上级或委托单位的拨款、社会捐助、自筹等途径。经费使用要有计划,方案中可用表格方式将各种开支一一列出。

知识拓展

跟毛泽东同志学社会调查的技术问题

"寻乌调查"给毛泽东同志以很深的感触,也使他进一步认识到调查工作的重要性。在进行寻乌调查的同时,毛泽东同志写出了他的名作《反对本本主义》。《反对本本主义》原题为《调查工作》,这篇文章曾在红四军中和中央革命根据地印成小册子,后因敌人多次"围剿"而失传了。直到1957年2月,福建上杭县茶山公社官山大队农民赖茂基把珍藏多年的一本《调查工作》献了出来,才使这篇重要的历史文献失而复得。1964年6月,《调查工作》收入《毛泽东著作选读》一书时,改题名为《反对本本主义》,人民出版社同时出版了单行本。这篇文章,是毛泽东同志多年从事调查研究的经验总结。

文章一开头,就提出一个重要的命题:"没有调查,没有发言权。""你对于某个问题没有调查,就停止你对于某个问题的发言权。"毛泽东同志说:"你对于那个问题不能解决吗?那末,你就去调查那个问题的现状和它的历史吧!你完完全全调查明白了,你对那个问题就有解决的办法了。一切结论产生于调查情况的末尾,而不是在它的先头。……调查就像'十月怀胎',解决问题就像'一朝分娩'。调查就是解决问题。"[1]

毛泽东同志接着阐述了共产党人对马克思主义应该采取的正确态度:"我们说马克思是对的,决不是因为马克思这个人是什么'先哲',而是因为他的理论,在我们的实践中,在我们的斗争中,证明了是对的。我们的斗争需要马克思主义。我们欢迎这个理论,丝毫不存在什么'先哲'一类的形式的甚至神秘的念头在里面。"[2]他由此得到了一个极其重要的结论:"马克思主义的'本本'是要学习的,但是必须同我国的实际情况相结合。我们需要'本本',但是一定要纠正脱离实际情况的本本主义。"[3]那么,如何才能纠正这种本本主义?最根本的办法——"只有向实际情况做调查"。

为了帮助那些不会进行调查研究的同志学会调查,毛泽东同志在文章中特地讲到了调查的技术。

(1)要开调查会做讨论式的调查。只有这样才能近于正确,才能抽出结论。那种不开调查会,不做讨论式的调查,只凭一个人讲他的经验的方法,是容易犯错误的。那种只随便问一下子,不提出中心问题在会议席上经过辩论的方法,是不能抽出近于正确的结论的。[4]

---

① 毛泽东.毛泽东选集:第一卷[M].北京:人民出版社,1991:110-111.

②③ 毛泽东.毛泽东选集:第一卷[M].北京:人民出版社,1991:111.

④ 毛泽东.毛泽东选集:第一卷[M].北京:人民出版社,1991:116.

（2）调查会到些什么人？……以年龄说，老年人最好，因为他们有丰富的经验，不但懂得现状，而且明白因果。有斗争经验的青年人也要，因为他们有进步的思想，有锐利的观察。以职业说，工人也要，农民也要，商人也要，知识分子也要，有时兵士也要，流氓也要。自然，调查某个问题时，和那个问题无关的人不必在座，如调查商业时，工农学各业不必在座。①

（3）开调查会人多好还是人少好？看调查人员的指挥能力。那种善于指挥的，可以多到十几个人或者二十几个人。……究竟人多人少，要依调查人的情况决定。但是至少需要三人，不然会囿于见闻，不符合真实情况。②

（4）要定调查纲目。纲目要事先准备，调查人员按照纲目发问，会众口说。不明了的，有疑义的，提起辩论。所谓"调查纲目"，要有大纲，还要有细目……③

（5）要亲身出马。凡担负指导工作的人，从乡政府主席到全国中央政府主席，从大队长到总司令，从支部书记到总书记，一定都要亲身从事社会经济的实际调查，不能单靠书面报告，因为二者是两回事。④

（6）要深入。初次从事调查工作的人，要作一两回深入的调查工作，就是要了解一处地方（例如一个农村、一个城市），或者一个问题（例如粮食问题、货币问题）的底里。深切地了解一处地方或者一个问题了，往后调查别处地方、别个问题，便容易找到门路了。

（7）要自己做记录。调查不但要自己当主席，适当地指挥调查会的到会人，而且要自己做记录，把调查的结果记下来。假手于人是不行的。⑤

毫无疑问，以上这些方法，对于我们当下做好调查研究工作，仍然有着很强的指导意义。

项目能力训练

（1）分析说明下列课题的分析单位和调查单位。

① 某课题通过对若干民营企业的调查，描述了中国民营企业在2020年的发展情况，通过统计，分析了中国民营企业的总营业收入、净利润、净资产收益率等各项经济指标，并把这些数据进行了聚合和处理，从整体上描述和解释了中国民营企业的经济发展状况。

② 某市为了编制城市绿地系统规划，委托某单位分别对城市现在的绿化状况、市民和专家对绿化的意见进行了调查。

③ 智能建筑是一种更智慧、更节能、更舒适的新型建筑。在国际上，智能建筑的发展趋势是调动一切技术构造手段来达到低能耗、减少污染、可持续性发展的目标，依据人体对环境在生理、心理上的反应，创造健康、舒适、高效的室内办公环境。某课题组通过文献研究及对一些专家和市民的调查，弄清了智能建筑的特点和价值，以及在我国的发展前景与发展对策。

---

① ② ③ ④ ⑤ 毛泽东．毛泽东选集：第一卷[M].北京：人民出版社，1991：116-118.

④ 为了了解大学中电子书的销售情况,评估营销环境,制定营销策略,某课题组决定对三所大学在校学生进行抽样调查。

（2）指出以下研究者存在的问题及原因。

① 有人对某校两个班级学生的学习成绩及影响因素进行了调查。发现 A 班学生平均学习成绩低于 B 班;A 班学生平均玩手机的时间高于 B 班。他由此得出结论:经常玩手机的学生的成绩低于不玩手机的学生的成绩。

② 一位研究者提出以下假设:人的个性是社会发展的原因,如果一个国家中的个人具有看重成就的个性,那么这个国家就会发展。于是,他到世界各地调查了少数人的个性。最后,他宣称自己证明了第三世界国家之所以贫穷落后、社会不发达,其原因就是这些地方的人具有不重成就的个性。

③ 有研究者在两个规模相当的小城镇做调查,发现甲城镇高收入居民的比例超过50%,远远高于乙城镇高收入居民的比例,同时发现甲城镇中居民拥有家用汽车的比例远远高于乙城镇中居民拥有家用汽车的比例。于是他得出结论:"收入高的居民更可能购买家用汽车。"

（3）如果让你对某城市居民小区的垃圾分类状况做一个调查,你将如何进行? 请结合调查对象、调查类型、调查方法、具体实施过程等加以说明。

（4）请指出以下调查方案设计的优缺点。

天津市社区居民社会公德状况调查方案设计如下。

为引起社区居民及青少年对社会公德的重视,把社区建设得更美好,特开展本次调查活动。

本次调查分析和描述的是天津市社区居民的道德状况,分析单位是个人;调查以现居住于天津市市内六区的社区居民为调查主体,调查收集资料时直接询问的对象主要为进入样本中的社区居民,这些居民将成为本次调查的对象。

调查内容:居民基本状况、居民家庭伦理道德、职业道德、社会公共道德状况。

调查方法:概率抽样,分别在天津市六个区抽取样本,每区抽取 600 人,构成 3600 人的大样本。

收集资料:问卷法收集资料,运用 SPSS 统计软件进行定量分析。

调查由 6 人组成,调查人员基本要求:认真负责,协同合作,按调查工作的基本规则与要求准时完成各阶段的工作任务。

本次调查预备挑选、培训调查人员 6 人,调查人员挑选与培训方案待定。

调查实施的地点:天津市市内六区。具体场所为居民家庭,调查人员入户将问卷发送到居民手中,居民填答问卷并将填好的问卷返还给调查人员。

项目综合训练

运用本项目所学的知识,根据项目一选定的调查课题,设计具体的调查方案。

扫描二维码下载项目综合实训内容模板(表 2-1),可结合实际调整内容和格式。

表 2-1 项目综合实训参考模板

调查课题的目的和意义	
调查内容	
调查范围、对象和分析单位	
抽样方法	
调查资料的收集方法与分析方法	
调查人员的组成、组织结构及培训安排	
调查的时间进度	
经费使用计划	

项目综合实训
参考模板

项目三
确定测量指标

项目描述

本项目要求学生弄清测量的概念及要素,学会识别测量尺度的层次;熟悉研究课题操作化的含义和内容,掌握调查课题操作化的方法;了解量表及量表编制的步骤和方法;理解测量信度、效度的含义和两者的联系;能根据调查课题的目的和要求把课题内容操作化为具体测量指标,并学会把一些测量指标通过相应量表呈现出来。通过项目学习,培养科学严谨、实事求是的态度。

任务一　调查课题的操作化

任务目标

(1) 弄清测量的概念及其要素。
(2) 学会识别测量尺度的层次。
(3) 掌握将抽象概念操作化为具体指标的方法。

任务描述

文化自信作为中华民族最深层次的精神追求,在激励社会成员、凝聚社会共识、调控社会冲突等方面具有重要作用。为此,探究当前中国公众文化自信指数、文化自信根源,以及如何提升文化自信水平等问题,具有重大的现实意义和深远的历史意义。那么如何对文化自信指数进行测量呢?

任务指导

"文化自信"是一个多维整合的复杂系统,包含文化自我认知与评价、情感体验等成分。想要对文化自信开展调查需要将相关概念操作化为具体指标,操作化关系到调查问卷的设计以及是否能收集到调查所需要的重要信息。

该操作化的过程是概念—维度—指标。

（1）在文化自信的测量中首先要对概念进行界定。

文化自信是指一个国家或民族了解并充分肯定自身的文化价值，对文化生命力抱有坚定的信念，同时对待不同文化时具有兼容并蓄的包容态度，既不自卑，也不自大。文化自信具体内容如表 3-1 所示。

（2）列出维度：可以将文化自信按基本认识、情感认同和开放接纳列出三个维度。

（3）针对每个维度发展的具体指标：分别为文化自知、文化自豪、坚定信念、文化传承、文化交流、文化发展、文化竞争七个指标。

表 3-1　文化自信指数表

	主要维度	具体指标
文化自信指数	基本认识	文化自知
	情感认同	文化自豪
		坚定信念
	开放接纳	文化传承
		文化交流
		文化发展
		文化竞争

必备知识和技能

一、测量及其要素

对社会现象的测量，就是根据一定的法则，将某种现象或事物所具有的属性或特征用数字或符号表示出来的过程。测量不仅能对事物的属性作定性说明，也能对事物属性作定量说明。测量有如下基本要素。

1. 测量客体

测量客体即测量的对象。它是客观世界存在的事物或现象，是我们要用数字或符号进行表达、解释和说明的对象。如我们想测量大学生的就业质量，其中大学生就是测量客体。在测量的四个要素中，测量客体所对应的问题是"测量谁"。

2. 测量内容

测量内容即测量客体的某种属性或特征。实际上，在任何一种测量中，测量的对象虽然是某一客体，但所测量的内容却并不是客体本身，而是这一客体的特征或属性。反映这些属性和特征的项目被称为指标。例如，以大学生为测量客体的调查中，要测量的并不是大学生本身，而是他们的性别、年级、所学专业、专业与就业岗位对口程度等属性和反映这些属性的指标。在测量的四个要素中，测量内容所对应的问题是"测量什么"。

3. 测量法则

测量法则即将数字和符号分派给测量对象的统一标准。自然现象的测量标准较为确定统一,如温度的测定只有摄氏度和华氏度两种标准。而社会现象的测量标准则较为复杂多变,不同的研究者往往根据不同的研究对象和目的确定不同的测量准则。社会调查中问卷及各种量表的制作过程实际上就是测量法则的确定过程。例如,在调查社工收入时,我们划分了高、中、低三个档次;在调查一线城市社工的收入时,我们则要分为高、较高、中、较低、低五个档次。尽管在不同的调查中我们可以根据具体情况确定测量法则,但在同一次调查中所使用的法则必须是统一的。在测量的四个要素中,测量法则所对应的问题是"怎么测量"。

4. 数字和符号

数字和符号即用来表示测量结果的工具。在调查研究中,研究者的测量结果,许多是用文字来表示的,如性别分为男、女,文化程度分为小学及小学以下、初中、高中、大学及大学以上。尽管这些用文字表述的测量结果在统计分析时都要转换成相应的数字,但这种数字只能作为不同类别的代号进行频数统计,不能进行加、减、乘、除运算。例如,我们常常在社会调查中用"1"代表男性,用"2"代表女性,在这儿我们不能说 1 比 2 小,或男性比女性小 1 个单位。在测量的四个要素中,数字和符号所对应的问题是"如何表示"。

对社会现象的测量要比对自然现象的测量困难得多。因为社会测量的对象是人及其活动。

(1)人一方面作为测量的客体或对象,另一方面人又作为测量过程的主体,因而给社会现象的测量带来了无法回避的主客观矛盾。无论是作为测量主体的人,还是作为测量客体的人,都具有主观意识、思想感情、思维能力和价值观念,都会对测量的过程和方式作出种种反应。人与人之间还存在着各种各样、错综复杂的社会关系,这些都使社会现象的测量在很大程度上取决于人们的认识水平和价值取向,带有明显的主观色彩。

(2)社会测量的内容常常是社会中人们的行为和态度,以及由人们的行为和态度所构成的各种社会现象。与此同时,人们对各种社会现象进行测量的活动本身,也是一种社会行为,也是一种社会现象。二者相互联系,也相互影响,就像自然科学中的"测不准原理"那样,给实际的测量工作带来了难以克服的困难。

(3)在自然科学中,由于测量的对象相对单一和稳定,使测量的可重复性强、量化程度比较高。特别是这种测量常常可以建立起某种公认的、通用的单位标准,比如,长度用厘米、分米、米为单位来量度,时间用小时、分、秒为单位来量度,重量用克、千克作单位来量度等。但是,在社会科学中,由于测量的对象十分复杂,测量的量化程度比较低,可重复性也比较差。对许多社会现象,比如人的智力、社会群体的凝聚力、社会职业的声望等,社会科学家还没能(或者根本就不可能)建立起某种公认的、适合多种情况的测量单位和测量标准,以及与之相应的测量工具和测量方法。

二、测量尺度的层次

既然测量是对社会现象的特征、属性等进行测定,那么,由于社会现象的复杂性、多样性,决定了对这些现象的测量尺度也不应是单一的。社会现象本身是质与量的统一。因而测量不仅要对社会现象的数量特征有敏感的反应,同时对社会现象的质量特征也可以量化。对社会现象的质量特征进行测量,是指所使用的某种测量标志的存在与不存在,如进行教育的调查,对于教育这一现象可按不同教育程度进行分组,可按是否接受过某种教育;也可以按接受教育的年限进行分组。因此,根据研究对象的不同,就会形成不同层次的测量尺度。在社会调查中,按社会现象的复杂程度和测量水平,一般把测量尺度从低级到高级分为四个层次:定类测量、定序测量、定距测量和定比测量。

1. 定类测量

按照事物的某种属性对其进行平行的分类或分组,数字仅作为识别或分类目标事物的标签,这样的测量尺度称为定类测量。定类测量是最低层次的尺度,把数字分配给物体或事件,几乎很少有限制,规则很简单。把不同的数字分配给不同的物体或事件,如用"0"代表女性,用"1"代表男性。

由于定类测量实质上是一种分类体系,因而必须注意所分的类既要相互排斥、互不交叉重叠,又对各种可能的情况包罗无遗。比如职业分为工人、农民、教师、商人几个类别,那么就排除了这四个职业以外的其他所有职业,没有做到穷尽;如果将职业分为工人、农民、教师、商人、私营企业主、其他几个类别,那么就缺乏互斥性,因为私营企业主从属于商人,两者交叉重叠了。

定类测量的特点是其值只测量了事物类别之间的差别,且各类地位相同,顺序可以任意改变,其数学特征是等于或不等于(=或者≠)。另外,其计量结果可以且只能计算每一类别中各元素出现的频数或频率。

2. 定序测量

定序测量是对事物之间等级或顺序的一种测量,也叫顺序测量。定序测量的特点是不仅可以测量类别差(分类),还可以测量次序差(比较优劣或排序),其数学特征是等于或不等于(=或者≠)、大于或小于(>或者<)。但是,由于该尺度值是测量类别之间的顺序,无法测出类别之间的准确差值,所以其计量结果只能排序,不能进行算术运算。例如,将对某一问题的态度按强弱顺序划分为很满意、比较满意、一般、不满意、很不满意五个等级,并用1~5的数字来代表各类。这时,我们仍无法确切地使用数值来说明不同类之间的差别量,因为无法在各个类别之间进行代数运算,无法了解究竟"大了多少"或"小了多少"。我们可以说5(很不满意)的不满意程度要比2(比较满意)高,却不知道在1与2之间的差别量是否与2和3之间的差别量相同,在这里,数与数之间的距离是无意义的,但是排列的顺序不能错位。

3. 定距测量

定距测量也称为等距测量或区间测量。它不仅能够将社会现象或事物区分为不同的类别、不同的等级,而且能确定它们之间不同等级的间隔距离和数量差别。在定距测量中,我们不仅可以说明哪一类别的等级较高,而且还能说明这一等级比那一等级高出多少。也就是说,定距测量的结果相互之间可以进行加减运算。如人的智商和温度的测量等都是定距测量。定距测量的特点是每一间隔是相等的,如米尺和磅秤的刻度都是等距的。正因为有了相等的度量单位,就引入了数量变化的概念,如张三的智商为130,李四的智商为110,那么"130-110=20",由此就可以说张三的智商比李四高20。同样的道理,我们分别测量北京与上海的温度,结果发现北京的温度为30℃,上海的温度为20℃,从这一测量中我们不仅可以了解到北京与上海的气温不同,了解到上海的气温比北京的气温低,还了解到北京的气温比上海的气温高出 10℃。

定距测量无绝对的零点。所谓无绝对的零点,是指"零"在测量中是人为规定的,如温度、智商、工作能力等。冬天我们可以测得北京的气温为 0℃,但它却并不表示"北京没有温度",而是代表北京的气温达到了水的冰点温度。

定距测量不能进行乘除运算。考试成绩甲为 100 分,乙为 50 分,我们可以说甲比乙的成绩高 50 分,但不能断言甲在这门功课上的能力比乙高一倍。因此这一测量类型所得出的数据只能作加减,而不能作乘除等运算。其数学特征是等于或不等于(＝或者≠)、大于或小于(＞或者＜)、加或减(＋或者－)。

4. 定比测量

定比测量也称为等比测量或比例测量。定比测量除了具有上述三种层次测量的全部性质之外,还具有一个绝对的零点,也就是有实际意义的零点。如年龄、教育年限、身高、体重、收入等。在这里,零已具有了实际的意义,它表示"什么也没有"。当"年龄"为零时,表示研究对象不存在;收入为零时,说明调查对象在收入上"一无所有"。因此,定比测量可以进行加、减、乘、除的所有代数运算,还可以计算几何平均数等。如测得张三的收入是 6000 元,李四的收入为 3000 元,我们可以说张三的收入是李四收入的两倍,或者说张三和李四的收入平均为 4500 元。

测量尺度的四个层次是由低到高、逐渐上升的。高层次测量具有低层次测量的所有功能,它既可以测量低层次测量可以测量的内容,也可以测量低层次测量无法测量的内容,同时,高层次的测量还可以作为低层次测量处理。比如,定序测量具有定类测量的分类功能,且可以作为定类测量使用。同样,定距测量具有定序测量的排序功能与定类测量的分类功能,且可以作为这两种测量使用,但反过来则不行。

为了进一步清楚地说明这四种测量层次的差别,我们将它们各自的数学特性总结如表 3-2 所示。

表 3-2　四种测量层次的数学特性

数学特性	定类测量	定序测量	定距测量	定比测量
类别区分	√	√	√	√
次序区分		√	√	√
距离区分			√	√
比例区分				√

三、研究课题的操作化

调查研究中所要测量的概念、变量等往往是十分抽象的,比如地位、权力、自由、资源等。要使它们能够被测量,必须将其抽象定义转化为操作性定义,即进行操作化。操作化是指建立一些具体的程序或指标来说明如何测量一个抽象的概念或变量。操作化把抽象的概念转化为经验上可观察、可把握的具体指标,是对抽象层次较高的概念进行具体测量时所采用的程序、步骤、方法、手段的详细说明,是调查研究中由理论到实际、由抽象到具体最关键的一步。为了更好地理解操作化的概念与方法,有必要先对概念、变量和指标作一个简单说明。

(一) 概念、变量和指标

概念是对现象的一种抽象,它是一类事物的属性在人们主观上的反映。比如"凳子"是一个简单的概念。当说到凳子时,不同的人的头脑中会出现具有各种不同特征的凳子:有木头的,塑料的,也有钢铁的;形状有的是方形的,也有的是圆形的;颜色有黄色的,棕色的,黑色的等。尽管这些凳子不完全一样,但是它们却具有某些共同的特征,即由若干条腿支撑着一个供人坐的平面。这一共同特征可以说就是"凳子"这一概念的内涵。凳子的概念正是对这些具体的、各不相同的凳子进行抽象的结果。

概念都是通过概括和抽象而得到的,但是各种概念的抽象程度是不同的,调查研究中所运用的许多概念是一种综合概念,如角色、社会地位、互动等,它们是由一些低层次的概念构成的。综合概念的抽象程度更高,它们所包含的信息较多,概括性较强,却很难在经验研究中运用。相反,抽象程度低的概念比较容易观测和操作,不过它们包含的信息量较少。

变量属于概念的一种特殊类型,它是通过对概念的具体化转换而来的。许多概念往往包括若干个范畴、值或亚概念,比如"性别"这一概念包括男性和女性两个范畴;"职业"这一概念包括工人、农民、干部、教师、医生等多个范畴。正是因为概念具有这种多值的特性,人们在社会调查中就借用了"变量"这一数学术语。所谓变量,就是具有一个以上不同取值(不同的子范畴、不同的属性,或不同的亚概念)的概念,而那些只有一个固定不变的取值的概念,则称为常量。

变量具有两个重要的性质。首先,构成变量的各个值必须是穷尽的,即每个被调查者的情况都应能归于某个取值中。如"职业"这一变量中只设工人、农民、军人三个取值,这个变量就不是穷尽的。因为它没有涵盖所有的人在职业方面的全部属性,比如教师、医生、商人等都不能归于这三类中的某一类,被遗漏了。其次,构成变量的取值必须是互斥的,即每个被调查者的情况仅属于一个值,而不能同时属于两个或多个值。比如"职业"这一变量的取值中,如果既有工人,又有司机、装配工等,它的取值就不是互斥的,而是相互包含的了。根据变量取值的性质不同,又可以分为定类变量、定序变量、定距变量和定比变量。

指标表示一个概念或变量含义的一组可观察到的事物,称作这一概念或变量的一组指标。概念是抽象的,而指标则是具体的;概念是人们的主观印象,而指标则是客观存在的事物。因此,概念只能想象,而指标则可以观察和辨认。比如"社会阶层"是一个抽象概念,通过操作化,我们可以用一组指标来测量它,这组指标包括职业、收入、文化程度等。由于指标是变量在经验层次上的一种体现,因而它同样具有变量的特征。这也即是说,一个指标也会有若干个不同的值。比如我们说"职业"是变量"社会阶层"的一个测量指标,它就有工人、农民、军人、教师等多个不同的取值;同样,"文化程度"也是"社会阶层"的一个测量指标,它也有文盲、半文盲、小学、初中、高中、大学等不同的取值。

对于社会调查中所使用的"概念""变量""指标"这几个既相互联系又不同的概念之间的关系,我们可以通过图 3-1 进行粗略区分。

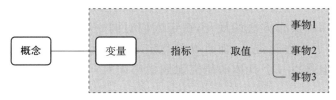

图 3-1 概念、变量和指标的关系

（二）操作化的含义与作用

所谓操作化就是将抽象的概念转化为可观察的具体指标的过程，或者说是对那些抽象层次较高的概念进行具体测量时所采用的程序、步骤、方法、手段的详细说明。操作化是社会调查中测量社会现象的关键一环，在社会调查中有着极为重要的作用，可以说它是社会调查中由理论到实际、由抽象到具体这一过程的"瓶颈"。从理论思维的天空到经验调查的大地，有相当的距离，这种操作化过程，就是沟通抽象的理论概念与具体的经验事实的桥梁，它为我们在社会调查中实际测量抽象概念提供了关键手段。例如，什么是"上进心"？尽管我们常常谈到它，也能体会到它，但这个东西在现实中却并不存在。因为我们既不知道它的形状、大小、颜色，也没有摸到过它，不过当我们将它操作化为"不断要求上进""有立志心态""有理想""积极肯干"和"不怕困难"时，我们就会在现实生活中看到它，并可以测量它了。操作化的作用正是让那些通常只存在于我们头脑中的抽象概念，最终在我们所熟悉、所生活的现实世界中"现出原形"，让那些本来只能靠我们的思维去理解，去体验的东西"变成"我们看得见、摸得着的东西。

操作化在调查研究中的作用非常重要。一方面，操作化的过程使那些存在于研究者头脑中用以构建其理论大厦的各种概念、变量被普通人所感知，在现实社会中显现出来。另一方面，操作化是具有定量取向的调查研究的关键一环。特别是在解释性研究中，只有通过操作化的过程，将思辨色彩很浓的理论转变成经验世界中的具体事实时，假设检验才成为可能。

（三）操作化的方法

从大的方面看，操作化过程主要包括以下两个方面的工作：一是界定概念；二是确定发展指标。

1. 界定概念

在调查研究过程中，无论是课题还是假设都涉及某一类型的社会现象，因而也就包含若干与此现象有关的概念。在进行实际调查时，必须对这些概念进行严格的定义。这是因为：第一，对概念作清楚的界定，使同一研究中的不同调查者都采用相同的标准，就可以避免标准不一造成的混乱。第二，对概念作明确地规定，可以提供比较与交流的可能。例如，我们要调查郑州市青年公务员的生活方式，就必须明确我们研究的是郑州市而不是其他城市，调查的是公务员而不是其他类型的人员，调查中的青年人指的是 18～40 岁的成年人。这样就为他人应用我们研究的成果提供了比较的依据，也为自己今后进一步检验复查提供了依据。

操作化过程中界定的概念不是对对象的特征和性质进行概括和抽象的说明，而是规定了测量这些特征、性质的操作方法。它们是不同层次的定义方式。操作化过程中界定的概念是对一种操作方法的规定,由于人们对同一种社会现象的观察、研究角度不同,会产生不同的操作化定义,而且操作化定义也不可能毫无遗漏地测量对象的所有特征与性质。但是在一个具体的研究课题中必须对一个核心概念进行唯一的操作化定义。

在采用或给出某个具体的定义之前,可以先看看其他研究者对这一概念所下的定义是怎样的。如果有的研究者对该概念并未下正式的定义,我们就需要从其对概念的运用来确定他对这一概念的界定。当我们通过收集和查询,了解到有关这一概念的各种不同的定义,从而对这一定义的大致范围有所理解以后,便可对这些定义进行分类。总结出各种定义中最具共同性的元素后,我们就该决定采取哪一种定义方式了。我们面临各种不同的选择,既可以直接采用一个现成的定义,也可以在现有定义的基础上自己创造一个新定义。需要特别注意的是,这种选择应该以研究者进行具体社会调查的需要为标准,哪种定义方式最适合调查的目的,就应该重点考虑哪种定义方式。

许多比较抽象的概念往往具有若干不同的方面或维度,因此,我们在界定概念的同时,要指出概念的不同维度,对于概念的操作化,对于概念的测量指标的选择,以及对综合理论的思考与分析,都是十分有用的。比如"社会地位"就是这种具有多个不同维度的概念。要测量社会中某一群体的社会地位,往往是先将这一概念的主要维度列举出来。例如全国妇联曾开展的"中国妇女社会地位调查",在这个调查方案中,就是将社会地位的含义区分为政治地位、经济地位、法律地位、教育地位和家庭地位几个不同的维度。

2. 确定发展指标

对有些概念来说,发展一个指标是简单的,比如"文化程度""婚姻状况"这样的概念就是如此。但对其他一些比较复杂、比较抽象的概念来说,发展指标就不是一件容易的事。通常,我们可以采取下面两种方式来发展概念的指标。

第一种方式是寻找和利用前人已有的指标,尤其是一些测量人格、态度方面的量表,往往经过多次运用和修改,常常可以成为我们可用的指标。当然,许多前人的指标不一定完全适合我们的概念,需要做一定的修改和补充。用前人的指标具有可与其他统计结果进行比较的优点,同时,这种做法比每个研究者都发展一套自己特定的指标的做法,更有利于社会知识的积累和形成。

第二种方式是研究者先进行一段时间的探索性调查,采用实地观察和无结构式访问的方式,进行资料收集的初步工作,尤其是与被调查者中的关键人物进行比较深入的交谈,从这些人那里获得符合实际的答案。这样做可以帮助研究者从被调查者的角度、用被调查者的眼光来看待事物,了解被调查者的所思所想,以及他们考虑问题的方式。所有这些都会对研究者发展出测量概念的指标提供极大的帮助。

需要说明的是,对抽象概念进行操作化的处理,往往会存在多种不同的方式,或者说,对同一个概念进行测量时,可能会产生不同的测量指标。另外,对有些抽象概念来说,往往很难甚至不可能在具体现象中找到其对应的指标。因此,无论是在操作化的具体方法方面,还是在具体的测量指标方面,都可能会出现种种差别和不同。

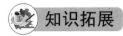 **知识拓展**

概念化与操作化实例——新生代农民工城市融入

抽象概念:城市融入。

调查者 1:个体适应城市的现代生产体系和现代性的社会互动规范,并随着时间的推移,最终成为适应城市的社会成员。

调查者 2:在生产方式、生活方式、社会心理与价值观上整体融入城市并认同自身新的身份。

……

该研究将"城市融入界定"阐释为新生代农民工在城市确立经济地位,适应城市社会互动规范,并获取市民身份、享受市民待遇,最终实现在城市舒适生活的融入过程(表 3-3)。

表 3-3 城市融入调查表

维 度	指 标
居住与生活	居住条件、一般生活状况、获得各种服务与帮助的情况
健康与安全	本人健康状况、人身安全状况、业余时间娱乐活动
就业与收入	收入状况、劳动强度、工作环境、工作和收入的稳定性
满意度与信心	对当前生活总体的满意度、对未来生活的信心

任务二 制作量表与评估测量

任务目标

(1)掌握量表的概念。

(2)学会制作李克特量表、鲍格达斯社会距离量表、语义差异量表。

(3)了解信度与效度的实际应用。

任务描述

学术界对社会关系与健康的关系已进行了很长时间的研究。20 世纪 70 年代初,精神病学文献中引入"社会支持"的概念,社会学和医学用定量评定的方法,对社会支持与身心健康的关系进行了大量研究。多数学者认为,良好的社会支持有利于健康,缺乏社会支持或存在劣性社会关系则损害身心健康。社会支持一方面对应激状态下的个体提供保护,即对应激起缓冲作用,另一方面对维持一般的良好情绪体验具有重要意义。

如何利用量表进行社会支持的评定?如何测评工具是否有效?

● **任务指导**

为了提供评定社会支持的工具,国内学者肖水源在参考国外有关资料的基础上编制了适合我国国情的社会支持评定量表。社会支持评定量表共有十个条目,包括客观支持(3 条)、主观支持(4 条)和对社会支持的利用度(3 条)三个维度。

(1)客观支持是指客观的、可见的或实际的支持,包括物质上的直接支援,社会网络、团体关系的存在和参与等。

(2)主观支持是指个体在社会中受尊重、被支持、被理解的情感体验。

(3)对社会支持的利用度。个体对社会支持的利用存在差异,有些人虽可获得支持,却拒绝别人的帮助。并且,人与人的支持是一个相互作用的过程,一个人在支持别人的同时,也为获得别人的支持打下了基础。

肖水源:社会支持评定量表(SSRS)

指导语:下面的问题主要反映了您在社会上所能获得的支持程度。

1. 您有_____关系密切、可以得到支持和帮助的朋友(只选一项)。

    A. 一个也没有   B. 1~2 个   C. 3~5 个   D. 6 个或 6 个以上

2. 近一年来您_____(只选一项)。

    A. 远离家人,且独居一室   B. 住处经常变动,多数时间和陌生人住在一起

    C. 和同学、同事或朋友住在一起   D. 和家人住在一起

3. 您与邻居_____(只选一项)。

    A. 相互不交往,只是点头之交   B. 遇到困难可能稍微关心

    C. 有些邻居很关心您   D. 大多数邻居都很关心您

4. 您与同事_____(只选一项)。

    A. 相互不交往,只是点头之交   B. 遇到困难可能稍微关心

    C. 有些同事很关心您   D. 大多数同事都很关心您

5. 将从家庭成员得到的支持和照顾填入表 3-4 中。

表 3-4　测试表

家庭成员	全力支持		
	无	极少	一般
A. 夫妻(恋人)			
B. 父母			
C. 儿女			
D. 兄弟姊妹			
E. 其他成员(如嫂子)			

6. 过去,在您遇到急难情况时,曾经得到的经济支持或解决实际问题的帮助的来源有_____。

（1）无任何来源；

（2）下列来源_____（可选多项）。

　　A. 配偶　　　　　　B. 其他家人　　C. 朋友　　　　　D. 亲戚

　　E. 同事　　　　　　F. 工作单位　　G. 党团工会等官方或半官方组织

　　H. 宗教、社会团体等非官方组织　I. 其他（请列出）

7. 在您遇到急难情况时，曾经得到的安慰和关心的来源有_____。

（1）无任何来源；

（2）下列来源_____（可选多项）。

　　A. 配偶　　　　　　B. 其他家人　　C. 朋友　　　　　D. 亲戚

　　E. 同事　　　　　　F. 工作单位　　G. 党团工会等官方或半官方组织

　　H. 宗教、社会团体等非官方组织　I. 其他（请列出）

8. 您遇到烦恼时的倾诉方式_____（只选一项）。

　　A. 从不向任何人倾诉　　　　　　B. 只向关系极为密切的几个人倾诉

　　C. 如果朋友主动询问您会说出来　D. 主动叙述自己的烦恼，以获得支持和理解

9. 您遇到烦恼时的求助方式_____（只选一项）。

　　A. 只靠自己，不接受别人帮助　　B. 很少请求别人帮助

　　C. 有时请求别人帮助　　　　　　D. 有困难时经常向家人、亲友、组织求援

10. 对于团体（如党团组织、宗教组织、工会、学生会等）组织活动，您_____（只选一项）。

　　A. 从不参加　　　B. 偶尔参加　　C. 经常参加　　D. 主动参加并积极活动

计分方法如下。

一、量表条目计分方法

1. 第1～4,8～10条，选择1,2,3,4项分别计1,2,3,4分。

2. 第5条分A,B,C,D四项计总分，每项从无到全力支持分别计1～4分。

3. 第6,7条如分别回答"无任何来源"则计0分，回答"下列来源"者，有几个来源就计几分。

二、量表分析方法

1. 总分：即十个条目计分之和。

2. 客观支持分：第2,6,7条评分之和。

3. 主观支持分：第1,3,4,5条评分之和。

4. 对支持的利用度：第8,9,10条。

（资料来源：刘继文，等. 社会支持评定量表的信度效度研究[J]. 新疆医科大学学报，2008-01-31(1).）

以上检测量表是否有效可以使用专业软件如SPSS来进行测评。

目的：检验社会支持评定量表的信度和效度，为国内社会支持研究提供有效的测评工具。

方法：采用整群抽样的方法，对268名脑力劳动者进行社会支持评定量表调查，社会支持评定量表包括主观支持、客观支持和支持的利用度3个维度。

结果：3个维度可以解释总体方差的55.84%，分量表之间的相关系数为0.462～0.664，低于总量表之间的相关，表明量表结构效度较高；3个分量表与总量表的相关系数

为 0.724～0.835,表明量表内容效度较高;总量表及 3 个分量表的 a 系数分别为 0.896、0.849、0.825、0.833,表明量表信度较高。

结论:社会支持评定量表具有良好的信度和效度,适合国内研究使用。

必备知识和技能

将概念转化为具体指标后,还要选择具体的测量方法。涉及基本状况、行为等指标时,我们可以用单一指标进行测量。但在社会调查中,对于人们的态度、看法、意见、性格等主观性较强的内容,常常很难用单一的指标进行测量,且这一内容具有潜在性的特征,所以在社会调查中常常需要用量表将所研究的主题转化为可供衡量的问题。

一、量表

量表是一种具有结构强度顺序的复合测量工具,即全部陈述或项目都是按一定的结构顺序来安排的,以反映所测量的概念或态度具有的各种不同的程度。

常用的量表有以下几种形式。

1. 总加量表

在社会学中,总加量表是根据被测试者在一组语句上测得的分数相加之后,反映他们在这个量表上测量出来的态度强弱。每个陈述都应该表达态度的同一方向。答案可以是 2 个,如同意、不同意;同意计 1 分,不同意计 0 分;也可以有 3 个、4 个答案;没有绝对的 0 分,所以答案中没有负数。

该量表容易理解和操作,是应用较广泛的一种态度量表。如果陈述句所表达的意义不是测量的某种态度,其效度有可能有问题。例如,如果测量普通人的"政治参与程度",可以构建一个量表。表中的各个项目可以是同等分量的,也可以是渐进强弱的顺序,如表 3-5 所示。

表 3-5　政治参与程度量表(请在相应的选项中打"√")

项　　目	是	否
你进行过选民登记吗?		
你参加过投票吗?		
你为政治运动捐过款吗?		
你为政治运动工作过吗?		
你自己参加过竞选吗?		

2. 李克特量表

李克特量表(Likert scale)是总加量表的一种特定形式,它是由美国社会心理学家李克特(R. A. Likert)于 1932 年在原有的总加量表基础上改进而成的。李克特量表由一组对某事物的态度或看法的陈述组成。与总加量表不同,回答者对这些陈述的回答不是被简单地分成"同意"和"不同意"两类,而是被分成"很同意、同意、不知道、不同意、很不同意"五类,或者"很赞成、比较赞成、无所谓、比较反对、很反对"五类。由于答案类型增多,人们在态度上的差别就能更清楚地反映出来。

李克特量表是调查研究中用得最多的一种量表,表 3-3 是这种量表的一个例子。在表 3-3 中,14 条陈述所代表的态度倾向是不同的,按照不同方式计分。具体赋值情况如表 3-6 所示。

表 3-6　压力应对方式量表

提 问 项 目	选择回答(只限选一项)您是否同意下列说法,请在合适的回答栏中打"√"				
	非常同意	同意	不确定	不同意	非常不同意
1. 面对压力,我总是会积极面对	5	4	3	2	1
2. 主动和周围的朋友谈论遇到压力的事件	5	4	3	2	1
3. 遇到压力,总是觉得自己无能为力	1	2	3	4	5
4. 我总是独自处理遇到的压力	1	2	3	4	5
5. 我总能以积极乐观的心态面对压力	5	4	3	2	1
6. 有压力时,我能总结得失经验	5	4	3	2	1
7. 遇到挫折我总是很容易发脾气	1	2	3	4	5
8. 遇到压力,我会寻求家人的帮助和支持	5	4	3	2	1
9. 有压力时,我会降低做事的热情	1	2	3	4	5
10. 有压力时,我会幻想若是事情没有发生就好了	1	2	3	4	5
11. 有压力时,我会改进做事的方式	5	4	3	2	1
12. 面对压力,我总是拖延时间,不去解决问题	1	2	3	4	5
13. 有压力时,我会梳理事情的起因和结果	5	4	3	2	1
14. 有压力时我总会和周围的人保持距离	1	2	3	4	5

每个回答者在这一量表上的五个得分(每行一个答案所对应的码值)加起来,就构成他的压力应对方式得分。按上述赋值方式,则一个回答者在该量表上的得分越高,表明他的压力应对能力越强。

3. 鲍格达斯社会距离量表

如果研究者希望定量地测量人们相互间交往的程度、相互关系的程度或者某一群体所持的态度及所保持的距离,则可采用鲍格达斯社会距离量表(bogardus social distance scale)。这种量表是由在内容上具有某种趋强的逻辑结构的一系列陈述所构成的,不同的陈述代表了人们不同程度的态度。例如,要测量城市居民对流动人口的态度,可用表 3-7 所示的指标。

表 3-7   鲍格达斯社会距离量表（请在相应的选项中打"√"）

提 问 项 目	愿意	不愿意
你是否愿意流动人口生活在你的城市		
你是否愿意流动人口生活在你的小区		
你是否愿意和流动人口做邻居		
你是否愿意流动人口来你家做客		
你是否愿意流动人口和你的子女做朋友		

在表 3-7 中，不同的问题表示人们相互间的距离不同，越往后，相互间的距离越近。显然，能接受高强度内容的人必定能接受低强度内容。比如一个愿意让他的子女与流动人口做朋友的人，绝不会反对前面五项内容；同样，一个连让流动人口生活在他所在城市都不愿意的人，也肯定不会愿意后面的五项内容。因此，用这种具有逻辑结构的量表，可以测得不同的人或不同的群体对某一群体的态度。

4. 语义差异量表

语义差异量表也称为语义分化量表，它主要用来研究概念不同的人所具有的不同含义。这种量表最初是美国心理学家奥斯古德（C. E. Osgood）等人在他们的研究中使用的。

语义差异量表的形式由处于两端的两组意义相反的形容词构成，每对反义词中间分为七个等级。每个等级的分数从左至右分别为 7,6,5,4,3,2,1，也可以计为 +3,+2,+1,0,-1,-2,-3。被测量的概念或事物（如某一群体、某种问题、某个国家等）放在量表的顶端，调查时要求被调查者根据自己的感觉在每对反义词构成的量表中的适当位置画记号，比如画"×"。研究者通过对这些记号所代表的分数的统计和计算，来研究人们对某一概念或事物的看法，或者进行个人或团体间的比较分析。

制作方法如下。

（1）要确定与测量对象相关的一系列属性。

（2）对每个属性选择一对意义相对的词语，放在量表两端，中间划分为 7 个以上奇数等级。

（3）受访者根据其对测量对象的看法，评价每个属性，在相应等级上做标记。

（4）连接这些标记，画出受访者的态度曲线。

比如，要了解人们对三种品牌汽车的看法，可用语义差异量表对样式、马力、车身的耐磨程度、售后服务、乘坐舒适度、配置、档次等进行测量。每种汽车属性所代表的分数相加即得该品牌的总分数，表中最不利的负面态度得分最低，正面态度分数最高。图 3-2 就是这种测量得出的受访者态度曲线。

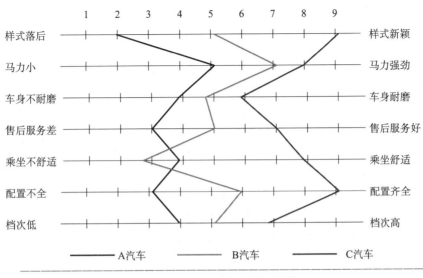

图 3-2　三种品牌汽车语义差别

二、测量的信度与效度

社会调查的过程就是我们运用各种测量工具收集资料的过程。那么,我们收集到的资料是否真实可靠? 我们想要了解的内容能否得到准确的测量? 在这里,我们有必要介绍信度和效度这两个概念,以对社会测量的结果作出评估。

(一) 信度

1. 信度的概念

测量的信度,即测量的可靠性或精确度,是指采取同样的方法对同一对象进行重复测量时,所得结果相一致的程度。换句话说,信度是鉴定测量结果的一致性或稳定性的标准。如用同一台磅秤去称同一个人的体重,如果先后两次的测量结果一致,说明这台磅秤作为测量工具是可信的,是稳定的。一个信度高的量表,在较短的时间内两次调查同一对象,结果应大致相同。当然,由于人们的社会行为受多种因素支配,对测量稳定性的认识不可简单化。任何一次调查不可能毫无误差,其测量手段也非绝对可靠。一般来说,如果两次测量时间相近而调查群体的态度有较大改变时,不仅要查找测量上的问题,还要了解是否有外在因素在起重大的作用。影响测量稳定性的外部因素有很多,如测量对象本身可能存在的某种不确定性及在实地调查时研究者的工作态度等。

2. 信度评估方法

评估信度的方法主要有以下几种。

(1) 重测信度。用同一份问卷的问题,对同一群被测者前后调查两次,再根据调查的结果,计算相关系数,就得到重测信度。这种信度能表示两次调查结果有无变动,反映了测量的稳定程度,故又称作稳定系数。它可以检查出被测者是否能正确理解所提出的问题,并作出真实稳定的回答。这是一种测量信度的较好方法,但须注意两次调查相隔的时间要适当。如果时间太短,被测者还记得上次的答案,测量的只是他的记忆,而不是他此时的真实态度。如果间隔时间太长,可能会发生一些变故,影响被调查者的态度。

(2)复本信度。复本信度采取的是另一种思路,如果一套测量可以有两个以上的复本,则可以根据同一群研究对象同时接受这两个复本测量所得的分数来计算相关系数。它的要求是:所使用的复本必须是真正的复本,即二者在形式、内容等方面都应该完全一致。如学校考试时出的 A、B 试卷就是这种复本的一个近似例子。然而在实际调查中,真正使研究问卷或其他类似的测量工具达到这种要求往往是一件十分困难的事情。

(3)折半信度。即在对同一研究对象进行测量时,把一个测量工具分为项目相等的两个测量工具来对研究对象进行先后两次测量,其相关系数就称为折半信度。使用折半信度,研究者不是设计两个表面不同但实际上相同的测量工具,而是设计一个单一的检验,只是设计的项目是所需项目的两倍,其中的一半项目是多余的。这好比一位老师想设计一份由五个难易不同的题目组成的代数测验,但这位老师不是只出五道题,而是每个难度出两道题,共十道题。这样他便能将学生在两套题目中的得分进行比较。如果两个得分高度相关,则这次代数测验是可信的。如果学生在一套项目上得分高而在另一套项目上得分低,那么这次测验就是不可信的。

(4)信度的检验。目前最常用的是 Alpha 信度系数法,又称内部一致性系数。一般情况下我们主要考虑量表的内在信度和项目之间是否具有较高的内在一致性。通常认为,信度系数应该在 0~1。如果量表的信度系数在 0.9 以上,表示量表的信度很好;如果量表的信度系数在 0.8~0.9,表示量表的信度可以接受;如果量表的信度系数在 0.7~0.8,表示量表有些项目需要修订;如果量表的信度系数在 0.7 以下,表示量表有些项目需要放弃。可以使用 SPSS 等软件进行信度分析。

(二)效度

1. 效度的概念

效度是指测量工具能够准确测出所要测量的变量的程度,它也称作测量的有效度或准确度。我们使用效度是要反映我们所采用的测量工具反映某一个概念的真实含义的程度。比如老师要测验学生某一科目的学习情况,测验试题太难或太容易都不能真实反映学生的真实水平,那么这种测验就是无效的。

2. 效度评估方法

评估效度的方法主要有表面效度、准则效度、构造效度三种。

(1)表面效度也称为内容效度或逻辑效度,指的是测量内容或测量指标与测量目标之间的适合性和逻辑相符性,即测量所选择的项目是否"看起来"符合测量的目的和要求。例如我们要测量学生分析问题的能力,如果出的题目不适当,变成测量学生的记忆力,那就达不到测量学生分析问题的能力的要求,测量的结果便缺乏效度。

(2)准则效度也称为实用效度,指的是用一种不同以往的测量方式或指标对同一事物或变量进行测量时,将原有的一种测量方式或指标作为准则,用新的方式或指标所得到的测量结果与原有的测量结果作比较,如果两者具有相同的效果,那么我们就说这种新的测量方式或指标具有准则效度。例如,要了解大学生的英语水平,可以采用托福试题、大学英语六级考试试题及其他试卷等不同的测验方式。为了了解其他试卷的效度,我们确定以"托福"试题为准则,把其他测验方式的结果与"托福"的测验结果进行比较。准则效度的关键是作为准则的测量方式必须是有效的。

（3）构造效度是通过对某些理论概念或特质的测量结果的考查，来验证该测量对理论构造的衡量程度。例如我们在研究中提出"社会经济地位越高，生育子女数越少"这一命题，我们给"社会经济地位"设立两个指标：收入水平 "X"和受教育程度"Y"。我们假设该命题已经通过 X 指标对社会经济地位进行的测定，并证实了收入水平越高，社会经济地位越高，生育的子女数越少。那么建构效度就是以指标 Y 取代指标 X，并复测整个理论。如果含有 Y 的命题得到了我们使用 X 测量社会经济地位时的同样结果，即受教育程度越高，社会经济地位越高，生育子女数越少，则我们可以说这个新的测量具有构造效度。

构造效度还需要检验，最理想的检验方法是利用因子分析来考察量表的构造效度。研究者在设计量表时实际上是假设有某种结构存在的。一方面，通过因子分析可以根据测量数据考查所用的量表是否反映出内在的结构，反过来也可验证研究者的假设是否成立。另一方面，因子分析也适用于探索性的研究。可以增强（或削弱）对某种测量结构的信心。

因子分析的主要功能是从量表度量的一系列变量中提取一些公共因子，这些因子与一般显在的、可观测的变量不同，它们是潜在的、不可观测的。但是它们与显在变量之间的联系则是可以进行研究的。

因子分析重点从以下两个方面来考核量表的结构效度：第一，公共因子应与设计时假设的量表的几个重要主题一致，且公共因子的累积方差贡献率至少达到 40%；第二，每个问题条目都应在其中一个公共因子上有较高负荷值（大于 0.4），而对其他公共因子的负荷值较低，如果一个条目在所有的因子上负荷值均较低，说明其意义不明确，应修改或删除。可以使用 SPSS 等软件进行效度分析。

（三）信度和效度的关系

测量的信度与效度之间存在着既相互联系又相互制约的关系。一方面，信度以效度为基础，有效的测量必须是可信的测量，不可信的测量必定是无效的。没有信度，也就谈不上测量结果是否有效的问题。假设我们采用同一份问卷进行调查，每一次的测量结果都不一样，测量无法保持一致性，那么这份调查问卷的结果就是不可信的。另一方面，信度高只是效度高的必要条件，并不是充分条件，具有很高信度的测量并不意味着同时也是高效度的测量，它或许是有效度的，也可能是无效度的。信度只是解释资料的真实可靠性，并不能解释这一资料与研究对象是否相关及相关程度如何。信度与效度间的关系并非对称的，其中信度是效度的前提和基础，效度是信度的目的和归宿。任何测量，只有做到两者的辩证统一才具有科学性。

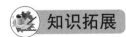 **知识拓展**

大学生学习适应量表

亲爱的同学，请仔细阅读题目，然后按您的实际情况回答，答案无对错之分，请不要有任何顾虑。

一、学校＿＿＿＿院系＿＿＿＿专业＿＿＿＿年级＿＿＿＿性别＿＿＿＿

二、请根据以下每句话与您符合的程度,在右边方框的相应位置打"√",每题只选择一个答案,请不要多选或漏选。

	完全符合	较符合	不确定	较不符合	完全不符合
1. 我认为大学生不仅要学习知识,而且要培养社交能力。	□	□	□	□	□
2. 我感觉我适应大学的学习。	□	□	□	□	□
3. 大学教师的授课方式,总让我觉得不舒服。	□	□	□	□	□
4. 我有自己的学习方法和计划,并能付诸实践。	□	□	□	□	□
5. 我不适应大学的作息时间。	□	□	□	□	□
6. 我觉得失去了学习目标。	□	□	□	□	□
7. 上大学后,我的思维方式更成熟了。	□	□	□	□	□
8. 大学的自由时间实在太多了。	□	□	□	□	□
9. 校园里秩序不好,缺乏安全感,影响我学习。	□	□	□	□	□
10. 我认为上大学后自己更具灵活性。	□	□	□	□	□
11. 由于对专业课不感兴趣,我的学习积极性受到了影响。	□	□	□	□	□
12. 家庭经济条件的好坏对学习有较大影响。	□	□	□	□	□
13. 上大学后,我的独立性显著增强。	□	□	□	□	□
14. 我不喜欢参加学校的各种文体活动。	□	□	□	□	□
15. 社会上对大学生的不良看法(如"读书无用"等)导致我荒废学业。	□	□	□	□	□
16. 上大学后,我明显变懒了。	□	□	□	□	□
17. 我觉得上大学后,认识更加宽广,前途更加清晰。	□	□	□	□	□
18. 大学学习只凭个人兴趣,不需要什么方法。	□	□	□	□	□
19. 面对大学里激烈的竞争,我总是不懈地努力提高自己。	□	□	□	□	□
20. 大学学习与中学脱节,我感到很不适应。	□	□	□	□	□
21. 大学对学生的管理方式不如中学。	□	□	□	□	□
22. 一提学习,我就烦。	□	□	□	□	□
23. 我上大学后,染上了不少不良嗜好。	□	□	□	□	□
24. 要不是为了学分、毕业证,我早就不学了。	□	□	□	□	□
25. 我常怀念以前的同学和事而不能自拔。	□	□	□	□	□
26. 我不适应大学这种理论多、实践少的教育。	□	□	□	□	□
27. 上大学后,我的实践能力明显增强。	□	□	□	□	□

28. 何必太认真呢！睁只眼,闭只眼,你就适应了。 □ □ □ □ □

29. 大学生活条件对学习有较大影响。 □ □ □ □ □

30. 将来就业情况严重影响我的学习。 □ □ □ □ □

31. 大学人际关系处理得如何,对学习影响很大。 □ □ □ □ □

32. 我不习惯大学教师对学生的冷漠态度。 □ □ □ □ □

33. 我的学习是融会贯通,而非死记硬背。 □ □ □ □ □

34. 我不会安排时间,学习无急迫感。 □ □ □ □ □

35. 大学的学习气氛对我很适应。 □ □ □ □ □

36. 上大学后,我的学习目标更加明确了。 □ □ □ □ □

37. 大学校园缺少对学生的学习、生活、心理的辅导。 □ □ □ □ □

38. 我能很好地安排休闲时间。 □ □ □ □ □

39. 我上大学后,以自学为主。 □ □ □ □ □

40. 大学里过多的社会活动影响我的学习。 □ □ □ □ □

41. 我的学习很有效。 □ □ □ □ □

42. 我觉得学习困难,一点信心也没有。 □ □ □ □ □

43. 我感到自己知识上的不足,因此更加努力地学习。 □ □ □ □ □

44. 我觉得大学是消磨人的意志的地方。 □ □ □ □ □

谢谢合作,有打扰您的地方请多多包涵。祝您天天开心!

(资料来源:冯廷勇,苏缇,胡兴旺,等. 大学生学习适应量表的编制[N]. 心理学报,2006,38(5):13.)

项目能力训练

(1) 研究者对资料的处理方式依赖于问卷中备选答案的形式和测量尺度的选择。因此,在选择答案的形式和测量尺度时一定要考虑准备用什么样的统计处理方式。测量尺度有类别、顺序、等距、等比四种形式。例如,当调查人们的月收入时,选择不同的测量尺度,备选答案的形式也会有很大差别。请判断一下测量"月收入"的三种形式的备选答案分别属于哪种测量尺度? 各适合用什么样的统计分析方法?

形式一:请问您的月收入是_____元。

形式二:请问您的月收入属于(　　)。

A. 1500 元以下　　B. 1500～2500元　　C. 2500～3500 元　　D. 3500～4500 元

E. 4500～6000 元　　F. 6000～8000元　　G. 8000 元以上

形式三:请问您的月收入属于(　　)。

A. 5000 元以下　　B. 5000 元以上

(2) 研究者在进行某地区居民互联网使用情况的调查,对主要概念进行了操作化分析,请判断此分析的优缺点,并提出解决方法。

(3) 请设计一份用来测量大学生在校期间是否应该创业的态度的李克特量表。

(4) 试将概念"上进心""三孩生育意愿"操作化为一组测量指标。

项目综合训练

运用本项目所学的知识,根据项目一选定的调查课题,设计课题项目操作化方案。

扫描二维码下载项目综合实训内容(表 3-8),可结合实际调整内容和格式。

表 3-8 项目综合实训参考模板

定义核心概念	主要纬度	指标体系

项目综合实训
参考模板

项目四
选择调查对象

项目描述

本项目要求学生了解社会调查方法的相关术语;弄清抽样调查的含义。能根据已知条件科学、合理地确定样本规模;掌握各种类型随机抽样和非随机抽样的特点和操作方法;能根据已知条件选择合适的抽样方法,制定抽样方案和控制抽样误差;通过学习和训练,具备基本的抽取样本的能力,培养科学严谨、实事求是的工作态度。

任务一　确定样本规模

任务目标

(1) 弄清抽样调查的含义,了解其相关术语。
(2) 了解影响样本规模确定的因素。
(3) 科学、合理地确定样本规模,控制抽样误差。

任务描述

某职业院校招生就业处为了了解本校去年毕业生的就业质量,拟开展一次大型调查。该校有学生近 20000 人,去年毕业的学生有 6000 人。如果采用全面普查的方法,操作起来难度很大,不可能联系上流动在全国各大城市已就业的学生,而且花费巨大。因此只能采取抽样调查的方式,可要抽取多少名学生才能很好地代表 6000 名毕业生的就业状况呢?

任务指导

该任务就是要确定样本规模。样本规模是指样本中所包含的个案总数,也就是调查的样本大小。样本规模的大小取决于调查者计划进行资料分析的类型、目标样本必须达到的精确度,以及总体的一些特性。抽取样本数量会直接影响社会调查结果。如果样本包含的数目较少,就会影响调查的效果,出现比较大的误差;而样本包含的数量过多,会造成人力、物力及时间等的浪费,甚至不会提高样本的代表性。

在该任务中,首先需要了解以下问题:第一,抽样调查的总体也就是学生总毕业人数;第二,学校能支付的经费数量和允许的时间限度;第三,抽样调查数据的精确度;第四,学校有哪些专业,各专业的毕业生大致流向什么岗位。

了解清楚这些问题后,调查人员可以根据不同的置信水平,不同的抽样误差来确定样本规模。如在 95% 的置信水平,3% 的抽样误差下,用 3000 元经费,在 1 个月内从 6000 名 毕业生中抽取 500 名学生样本开展调查。也可依经验法则,根据中型调查的要求,结合调查经费及时间要求等因素将样本规模限制在 300~1000 名。或者根据总体数量,结合调查对象的异质性、调查经费等因素,选择总体数量的 3%～15% 的同学作为调查对象。

必备知识和技能

一、抽样调查的含义和特点

抽样调查就是从调查对象的总体中,按一定方式选择或抽取一部分调查对象作为样本,并以对样本进行调查的结果来推断总体的方法。

在社会调查中,通常有全面调查(又称普查)和非全面调查(包括抽样调查、典型调查、个案调查等)两种方式。抽样调查是相对普查而言的。普查是指对总体的全部基本单位逐一进行普遍、全面的调查(如人口普查),其特点是可以获得对调查对象全体的可靠数据。但由于人力、物力、财力等诸多原因,当前社会调查大多采用抽样调查的方式。抽样调查的目的是从许多"点"的情况来概括"面"的情况。例如,要了解全国大学生的思想状况,一般不可能也没有必要调查每一个大学生,研究人员只需从全国大学生中抽取几千人作为样本进行调查就可以了。

抽样调查具备以下显著的特点:①调查对象是作为样本的一部分单位,而不是全部单位,也不是个别或少数几个单位;②调查的样本一般都是按照随机原则抽选出来的,而不是由调查者主观选择或确定的;③抽样调查的目的不是说明样本本身的情况,而是要推断总体属性。

二、抽样调查的主要术语

如果要规范地界定和深入地理解抽样调查,势必会涉及一些专业术语,因此有必要对相关概念进行介绍。

1. 总体

总体是指所要研究的对象的全体,是根据一定的研究目的规定的所有调查对象(即元素)的全体构成。在社会调查中,最常见的总体是由社会中的某些个人组成的,这些个人便是构成总体的元素。比如,当我们开展对某省大学生的择业倾向进行研究和探讨时,该省所有在校大学生的集合就是我们研究的总体,而每个在校大学生便是构成总体的元素。又比如我们打算研究某城市居民的家庭生活质量,那么该市所有的居民家庭就构成我们研究的总体,而其中的每户家庭都是这个总体中的一个元素。

2. 样本

样本就是从总体中按一定方式抽取出的一部分元素的集合。或者说,一个样本就是总体的一个子集。比如从某省总数为 10 万人的大学生总体中,按一定方式抽取 1000 名大学生进行调查,这 1000 名大学生就构成该总体的一个样本。样本中的元素数目通常用小写字母"n"表示。样本是总体的缩影,是用于估计或推断总体全面特征的依据。

3. 抽样

抽样是指从组成某个总体的所有元素的集合中,按一定的方式选择或抽取一部分元素(即抽取总体的一个子集)的过程,或者说,抽样是从总体中按一定方式选择或抽取样本的过程。比如从某学院 4000 名学生中按分层抽样方式抽取 100 名学生的过程就是抽样。

4. 抽样框

抽样框又称为抽样范围,它指的是一次直接抽样时总体中所有抽样单位的名单。比如从一所中学的全体学生中,直接抽取 200 名学生作为样本,那么这所中学全体学生的名单就是这次抽样的抽样框;如果是从这所中学的所有班级中抽取部分班级的学生作为调查的样本,那么此时的抽样框就不再是全校学生的名单,而是全校所有班级的名单了;因为此时的抽样单位已不再是单个的学生,而是单个的班级。抽样框在抽样调查中处于基础地位,是抽样调查必不可少的部分,对推断总体具有相当大的影响。在完整的抽样框中,每个调查对象应该出现一次,而且只能出现一次。

抽样框的形式多样,可以是名录抽样框。简称名录框。如果没有合适的名录框,可以借助地理区域来构造区域抽样框,还可以使用时间抽样框等。

5. 总体参数和样本统计量

总体参数是关于总体中某一变量取值的综合描述,即根据总体中各单位的已知量计算出来的关于总体的统计指标。在抽样调查时,这个量一般是未知的(但是唯一的)。因为如果这个量已知,就不必进行抽样调查了。样本统计量是关于调查样本中某一变量取值的综合描述,即根据样本中各单位的已知量计算出来的关于样本的统计指标。样本统计量,当抽样调查完成后即可计算出来,但它不具有唯一性。抽样设计的目标,就是尽可能使所抽取的样本的估计量接近总体的参数值,但这种推断误差总是难免的。

6. 置信度和置信区间

置信度又称置信水平,它指的是总体参数值落在样本统计值某一区间的概率,它用于反映样本统计量估计总体参数值的可靠性(信度)。例如置信度为 95%,指的是总体参数值落在样本统计值某一区间的概率为 95%,或者说,我们有 95% 的把握认为总体参数值将落在样本统计值周围的某一区间内。

置信区间是指在一定置信水平下,样本统计量与总体参数偏差的最大允许范围,它反映的是抽样的精确度。置信区间越大,误差范围越大,抽样的精确度就越低;反之,置信区间越小,误差范围越小,抽样的精确度就越高。

三、抽样的步骤

完整的抽样过程一般包括以下四个步骤。

1. 界定抽样的总体

界定总体就是在具体抽样前首先对从中抽取样本的总体范围与界限作明确的界定。例如要研究北京市居民的生活质量,那么北京市所有的居民就是此次调查研究的总体。这一方面是由抽样调查的目的决定的,因为抽样调查虽然只对总体中的一部分个体实施调查,但其目的却是描述和认识总体的状况与特征,所以必须事先明确总体的范围;另一方面,界定总体也是达到良好的抽样效果的前提条件。如果不清楚明确的界定总体的范围与界限,那么即使采用严格的抽样方法,也可能抽出对总体严重缺乏代表性的样本来。

要有效地进行抽样,必须事先了解和掌握总体的结构及各方面的情况,并依据调查的目的明确地界定总体的范围。样本必须取自明确界定后的总体,样本中所得的结果,也只能推广到这种最初已做出明确界定的总体范围中。

2. 编制抽样框

这一步骤的任务就是依据已经明确界定的总体范围,收集总体中全部抽样单位的名单,并通过对名单进行统一编号来建立供抽样使用的抽样框。

抽样框是一张包括被抽样总体所有单元的目录表。确定了抽样框,就相当于定义了被抽样总体,我们可以通过抽样框从总体中抽取样本单元,但前提是抽样框能充分代表总体。抽样框的范围与被调查总体的范围一致。在确定了抽样框后,我们就可以计算总体中每个个体的抽样概率,根据这一概率,就可以用样本数据推算总体数据。

3. 设计抽样方案

设计主要包括两部分,一是确定样本所含个体的数目,二是选择抽样的具体方法。样本所含个体数目的多少与抽样方法对样本的代表性有重大影响。一般来说,样本数目越大越有代表性,样本的大小与抽样误差成反比。但在一般情况下,样本数目越多,要花费的人力、物力、财力就越多,因此要综合考虑抽样误差与研究代价问题,由此来决定合理的样本数目。

(1)对具有不同研究目的的、不同范围、不同对象和不同客观条件的调查研究来说,使用的抽样方法是不一样的。这就需要我们在具体实施抽样之前,依据研究的目的和要求,依据各种抽样方法的特点及其他有关因素来决定具体采用哪种抽样方法。

(2)抽取调查样本。抽取样本就是在以上几个步骤的基础上,严格按照所选定的抽样方法,从抽样框中抽取一个个抽样单位,构成样本。依据抽样方法的不同,以及依据抽样框是否可以事先得到等因素,实际的抽样工作既可能在实地调查前就完成,也可能需要到实地后才能完成。也就是说,既可能先抽好样本,再下去直接按预先抽好的对象进行调查或研究,也可能一边抽取样本一边就开始调查或研究。例如在一个街道中抽取 100 位居民,当比较容易获得所有所属社区居民的名录时,就可以在调查前用该名录为抽样框进行抽样。如果街道的规模比较大,而且下辖社区比较多,采用多段抽样的方式时,就可以边抽样边调查,即先抽取 10 个社区中的 5 个,再到被抽中的社区中取得居民的名录,再进行下一步抽样。

4. 评估样本

一般情况下,样本的抽出并不是抽样过程的结束。完整的抽样过程包括对抽出的样本进行评估。所谓样本评估,就是对样本的质量、代表性、偏差等进行初步的检验和衡量,目的是防止由于样本的偏差而导致调查的失误。对样本的评估主要有两个标准:准确性与精确性。样本的准确性指的是样本没有偏差,这里指的偏差主要是指由于抽样程序中未能严格遵循随机原则及无回答问题所带来的系统性误差。例如,有些个案无法找到,有些个案由于一些敏感性问题而拒绝配合,还有调查人员含有某种偏见等,都会造成偏差,样本准确性差。精确性主要是指抽样误差的大小,这主要体现在样本分布状况上。对样本精确性评估就是观察样本是否比较均匀地在均值附近分布。目前,在日益规范化的调查研究报告中,样本评估已成为一项不可或缺的重要指标。

四、样本规模

1. 样本规模的确定

样本规模又称样本容量、样本大小,是指样本中所包含的个案总数。确定样本规模的大小是进行一项调查研究之前必须解决的问题之一。它的大小取决于研究者计划进行资料分析的类型和研究者的目标样本必须达到的精确度,以及总体的一些特性。如果样本包含的数目较少,就会影响调查的效果,出现比较大的误差;而样本包含的数量过多,会造成人力、物力及时间等的浪费。

样本规模的大小问题可以从两方面加以讨论。

(1) 根据经验确定样本规模。一种习惯上或通常能够接受的数量。一般来说,统计学中通常以 30 为界,把有 30 个个案及以上的样本称为大样本,将不足 30 个个案的样本称为小样本。之所以这样区分,是因为当样本规模大于或等于 30 时,其平均值的分布才能接近正态分布,许多统计学的公式才可以运用,才能够用样本的资料对总体进行推论。而对于调查研究来说,30 个个案的样本是远远不够的。常见的案例就是对样本按性别特征划分,可分为男性和女性,要保证每个类型的样本都有相当数量的元素规模,进而分析不同类别之间的现状与差异,分析不同变量之间的关系。根据一些社会研究者的看法,社会研究中的样本规模至少不能少于 100 个个案。在调查研究中,研究者不仅可以以样本整体为单位来计算平均数、标准差、相关系数等统计量。也可以将样本中的个案按不同的指标划分出不同的类别,进而分析不同类别之间的差别,以及分析不同变量之间的关系。

在一般的社会调查研究中,实际上并不要求很高的精确度,调查人员一般是凭经验确定样本容量的大致范围。表 4-1 给出了凭经验确定样本容量的大致范围,仅供参考。

表 4-1 凭经验确定样本规模的范围表

总体规模	100 人以下	100~1000 人	1000~5000 人	5000~1 万人	1 万~10 万人	10 万人以上
样本占总体比重	50%以上	20%~50%	10%~30%	3%~15%	1%~5%	1%以下

(资料来源:袁方. 社会研究方法教程[M]. 北京:北京大学出版社,1997.)

样本规模的确定需要综合考虑各方面因素,没有一成不变的规定。小型调查通常用于非正式的或要求不高的、总体规模较小的情况。比如大学生上调查方法课需要做调查实践时,或者学生采用调查方法收集论文资料时,或者在一所中学、社区作调查时,可以选择 100~300 的小样本。正式的调查研究一般要达到中型调查类的样本规模,样本规模应在300~1000,这也是目前实践中采用最多的一类样本规模。一般情况下,它兼顾到了样本的误差大小、研究者的人力、财力、时间,以及调查的组织和实施等多方面因素。大型调查类的样本规模,主要存在于全国性的调查项目中,样本规模通常在1000~3000。

需要指出的是,由经验确定的样本调查,其结果不能推论总体,只能作为了解总体状况的参考。要想精确地推论总体的状况,不仅要对代表性进行检验,而且要检查抽样方法是否科学。精确的抽样调查需要抽样专家和专业研究人员的严格指导。

(2) 根据样本规模的统计方式计算出所需要的样本数。一般来说,对样本规模的计算,不同的抽样方法计算公式是不一样的,但它们的基本原理都是建立在简单随机抽样计算方法上的。以简单随机抽样为例,在推论总体平均数和推论总体百分比时,其样本规模的计算公式分别为

$$n = \frac{t^2 \times s^2}{e^2} \qquad n = \frac{t^2 \times p(1-p)}{e^2}$$

式中,t 为置信水平所对应的临界值;s 为总体的标准差;e 为容许的抽样误差;p 为总体的百分比。

在上述计算公式中,由于置信水平是事先确定的,所以其临界值 t 可从标准正态分布表中查出,e 也是研究者根据需要事先确定的,但是总体的标准差、百分比却往往是难以得到的。因此,在实际抽样过程中,研究者往往无法直接运用上述公式计算所需的样本规模,而只能采取某些变通的办法。例如将上述公式转换为

$$n = \frac{t^2}{4e^2}$$

来保证足够的样本规模,根据这个公式可计算出在95%的置信水平条件下的最小样本规模,如表4-2所示。

表 4-2　95%置信水平下不同抽样误差要求的样本规模

容许的抽样误差比例(%)	样本规模	容许的抽样误差比例(%)	样本规模
1.0	10000	6.0	277
1.5	4500	6.5	237
2.0	2500	7.0	204
2.5	1600	7.5	178
3.0	1100	8.0	156
3.5	816	8.5	138
4.0	625	9.0	123
4.5	494	9.5	110
5.0	400	10.0	100
5.5	330		

(资料来源:D. A. deVaus. Surveys in Social Research. George Allen&Unwin Ltd, 1989:63.)

2. 影响样本规模确定的因素

一般情况下,社会调查中样本规模的确定主要受以下四个方面因素的影响。

(1) 总体的规模。样本规模与总体规模有关,这不难理解。按一般的想法,总体规模越大时,样本规模也要越大,这样才能保证一定的精确度。但是这种想法只在一定程度上是正确的。当总体规模大到一定程度时,样本规模的增加与它并不保持同等的增长速度。在其他有关因素一定时,样本规模的增加速度大大低于总体规模的增加速度。换言之,当总体规模达到一定程度时,样本规模的改变量是很小的。

(2) 总体的异质性程度。总体的异质性程度对所需样本规模的影响也十分明显。总体中成员之间不存在差别时,只要了解其中之一就行了,这当然是极端的情况。一般来说,要达到同样的精确性,在同质程度高的总体中抽样时,需要的样本规模就小一些;而在异质程度高的总体中抽样时,需要的样本规模就大一些。主要原因是:同质性越高,表明总体在各种变量上的分布越集中,波动性越小,同样规模的样本对总体的反映就越准确;异质性程度越高,表明总体在各种变量上的分布越分散,波动性越大,同样规模的样本对总体的反映就会越差。比如,当总体中的个体在收入上的差别比较小,或者说分布比较集中时,所抽取的样本中人均收入值的随机波动就很小,因而抽样误差也就会很小,抽样的精度就会比较高。与总体异质性程度有关的另一个因素是,当总体中的大部分成员对某个问题的回答或选择与小部分成员的回答或选择不同时,所需样本的规模是不同的。比如 70% 的成员选择甲,30% 的成员选择乙,则所需要的样本规模要小一些;而当选择两种不同回答的成员比例相差无几时,比如说选择甲、乙的比例都为 50% 左右时,则所需要的样本规模为最大。再如对一个异质性程度很低的某农村社区进行调查,由于人们的日常行为、态度等方面趋同,所以调查少数人就可以知晓该社区人们的日常行为与态度。

(3) 抽样的精确度。抽样调查的目的是通过样本推断总体,而推断的精确度与样本规模有密切关系。一般来说,对抽样精度要求越高,所需的样本规模就越大。抽样精度是指在抽样中希望达到的精确度,也就是能容忍的抽样误差。抽样误差是统计值与总体值之间的偏差,偏差越小,对样本规模的要求就越高;反之,偏差越大,对样本规模的要求就越低。按照这个逻辑,似乎可以得到这样一个推论:在精度相同的情况下,样本规模越大越好。当然,这个推论总体上没有错,但同时我们应该注意到,在样本规模达到一定程度的情况下,抽样误差降低的作用并不明显。

(4) 研究者拥有的时间、经费与人力。从样本的代表性和抽样的精度方面来考虑,样本规模当然是越大越好。但样本规模的扩大,意味着研究者需要投入更多的时间、经费和人力,意味着调查所遇到的障碍和限制也更多。因此,从调查的可行性、简便性考虑,样本规模越小越好。究竟选择多大规模的样本,调查者往往需要做出选择,这种选择的一个重要影响因素,就是研究者所拥有的经费、人力和时间。

任务二　抽取调查样本

✈ 任务目标

(1) 掌握各种类型概率抽样和非概率抽样的特点和操作方法。

（2）能根据已知条件选择合适的抽样方法。

（3）掌握制订抽样方案的方法。

任务描述

为深入推进"疏解整治促提升"促进城市生态文明与城乡环境建设，某区以专项行动为抓手，坚定有序地开展了各项疏解整治促提升工作。为反映专项行动开展以来的效果，进一步了解居民对疏解整治促提升工作的评价及意见、建议，了解居民在实现空间腾退、留白增绿、改善环境、品质提升等方面的获得感与满意程度，某区拟开展疏解整治促提升效果民意调查。本次调查范围为全区各乡、镇、街道，调查对象为在本区居住 1 年以上、18～74 周岁的居民。本次调查总样本量为 1500 个，按照某区常住人口的城乡比例进行样本量分配，城乡人口比 2∶1，其中居委会样本量 1000 个、村委会样本量 500 个。[①] 该如何抽取调查样本呢？

任务指导

为保证调查的精确度，增强样本的代表性，本次调查宜采用概率抽样方法。概率抽样方法是保证样本代表性的首选方法，如何抽取具有代表性的样本，决定整个调查成果的应用，所以根据实际情况制定严格的抽样方案至关重要。

调查以社区居民为基本抽样单元，采用多阶段、等距相结合的抽样方法抽取样本。

首先，确定抽样框和调查点位。查找某区所在省、市行政区划表和城乡分类表，以某区辖区内的社区和村为抽样框，确定街道、乡、镇名称，社区、村名称及城乡分类等。按照街道、乡、镇到居委会、村委会，逐层等距抽选调查居（村）委会，即为抽中的点位。

其次，确定调查对象。在抽中的居（村）委会中按照适当分散、成功"隔六抽一"的原则抽取调查户。每个点位抽取 10 个年龄在 18～74 岁、在本辖区居住一年以上的居民作为调查对象。

样本配额要求：为保证较高的抽样精度和主要调查指标有较好的代表性，调查中每个社区（村）的男女比例控制在 1∶1 左右，变动幅度在±5％以内；年龄段按 18～34 周岁、35～49 周岁、50～74 周岁分段，每个年龄段人数不低于 20％；每个乡、镇、街道的每个年龄段人数控制在 33％左右，变动幅度在±5％以内。

必备知识和技能

一、概率抽样方法

概率抽样是按照概率原理进行的，它要求样本的抽取具有随机性。所谓随机性就是总体中的每个成员都具有同等的被抽中的可能性。或者说，总体中的每个成员被抽中的概率相等（被抽中的机会相等）。概率抽样有若干种不同的形式，每种具体的形式都有不

---

① 资料来源：http：//tjj. beijing. gov. cn/zwgkai/公开方案'，有删改。

同的特点。对它们的选择,涉及调查研究问题的性质、良好的抽样框的获得、调查研究经费的多少、样本精确性的要求,以及调查资料的收集方法等因素。下面我们就结合这些因素对几种基本的概率抽样方法逐一进行介绍。

1. 简单随机抽样

简单随机抽样又称纯随机抽样,是概率抽样的最基本形式。简单随机抽样是对抽样框的所有抽样单位进行编号,然后按照等概率原则,直接抽取一定数目的抽样单位构成样本。这种方法能够保证总体中的每个抽样单位都有同等的入选机会。常用的办法是抽签,即把总体的每一个单位都编号,将这些号码写在一张张小纸片上,然后放入一容器如纸盒、口袋中,搅拌均匀后,从中任意抽取,直到抽够预定的样本数目。这样,由抽中的号码代表的单位组成的就是一个随机样本。比如某系共有学生 220 人,系学生会打算采用简单随机抽样的办法,从中抽取 30 人进行调查。为了保证抽样的科学性,他们先从系办公室得到一份全系学生的名单,然后给名单中的所有学生都编上一个号码(从 001 到220)。抽样框编好后,他们又用 220 张小纸条分别写上"001,002,…,220"的号码。他们把这 220 张写好不同号码的小纸条放在一个盒子里,搅乱掺混后,随意摸出 30 张写有不同号码的小纸条。然后,他们按这 30 张小纸条上的号码找到总体名单上对应的 30 位同学,这 30 位同学就构成了他们本次调查的样本。这种方法简便易学,但当总体单位很多时,写号码的工作量就很大,搅拌均匀也不容易,所以此法往往在总体单位较少时使用。

对于总体单位很多的情形,则采用随机数表和软件进行简单随机抽样。随机数表中的数由 0~9 的数码组成,数码和排列都是随机形成的,没有任何规律。利用随机数表进行抽样的具体步骤如下。

(1)先取得一份调查总体所有元素的名单(即抽样框)。

(2)将总体中所有元素一一按顺序编号。

(3)根据总体规模是几位数来确定从随机数表中选几位数码。

(4)闭着眼睛用铅笔点中随机数表中的一个数字,以此处作为选择数码的起点。

(5)以总体的规模为标准,对随机数表中的数码逐一进行衡量并决定取舍。

(6)根据样本规模的要求选择出足够的数码个数。

(7)依据从随机数表中选出的数码,到抽样框中去找出它所对应的元素。

按上述步骤选出来的元素的集合,就是所需要的样本。

随着计算机技术的发展,很多统计软件都开发了可产生随机数的程序,如利用 SPSS软件就可以通过"随机个案样本"等命令选择不同比例的样本。因此,利用计算机产生随机数是一种既方便又快捷的方法。需要指出的是,由于统计软件产生的随机数在通常情况下有一定的循环周期,因而无法保证随机性。尽管一些统计软件产生的伪随机数有较长的循环周期,但为了更好地保证抽样的代表性,还是尽量避免使用这种方法来抽取样本。

2. 系统抽样

系统抽样又称等距抽样或间隔抽样。就是按照随机原则在抽样框中等距离抽取部分抽样单位作为调查样本的抽样方法。它是把总体的元素进行编号排序后,再计算出某种间隔,然后按这一固定的间隔抽取元素来组成样本的方法。它和简单抽样一样,需要有完整的抽样框,样本的抽取也是直接从总体中抽取元素,而无其他中间环节。

系统抽样的具体步骤如下。

(1)给总体中的每一个元素按顺序编上号码,即制定出抽样框。

(2)计算出抽样间距,计算方法是用总体单位数除以样本单位数。

(3)在最前面的个体中,采用简单随机抽样的方法抽取一个个体,记下各个个体的编号作为随机的起点。

(4)在抽样框中,自随机的起点开始,每隔几个个体抽取一个个体。

(5)将抽取的所有个体合起来,就构成了该总体的一个样本。

例如,要从 100 个人中抽取 20 个人,将他们编好号码后,首尾相接,于是可以从任何一个号码开始,只要每隔几个人抽取一个,便得到一个包含 2 个人的样本。一般地说,假设抽样框内的抽样单位共有 N 个,要随机抽取几个抽样单位时,首先按某个标志将抽样单位排列、编号并首尾相接,然后计算抽样间距:$k=N/n$。当所得到的 k 不是整数时,如 5.3,就取 6 为间距;最后随机从某个编号开始抽样,每隔 k 个抽样单位抽一个,直到抽完 n 个抽样单位为止。

系统抽样采用等距离抽样的方法,使样本在总体中的分布比较均匀,具有较高的代表性,抽样误差小于简单随机抽样,而且简单易行,只要确定了第一个样本单位,整个样本也就确定了。但这种抽样方法不大适合单位太多的调查总体,且要有完整的登记册,否则难以进行。

另外,使用此种方法时,要注意避免在总体的排序中,排序的标准和研究的主要变量密切相关,或者有和抽样间距对应的某种周期性分布。如果名单中的元素存在以上特征,那么样本的代表性就无法保证,甚至会抽取误差很大的样本。

例如对某高中三年级学生做一个有关学习状况的调查,抽样框来自学校提供的总体名单,总体名单是按高三学生的学习成绩由高到低进行排列的。这时,假如有两个研究者同时使用系统抽样的方法抽取样本,研究者甲抽取的随机起点 A 十分靠前,而研究者乙抽取的随机起点 A 十分靠后,那么在甲抽取的样本中,学生的平均成绩要明显好于乙。尽管他们用了同一种方法,对同一对象在同一时期内展开同内容的调查,结果也可能大相径庭。显然,这两个样本都存在很大的偏差。

在这种情况下,最好先对总体中的元素进行重新排序、打乱顺序(如果总体排序中不存在这两种情况则无须打乱重排),否则就不能采用系统抽样的方法。总的来说,如果不考虑其他因素,就便利性而言,系统抽样比简单随机抽样要简便易用,即使存在因元素的特殊排列带来的问题,通常也很容易解决。

3. 分层抽样

分层抽样又称类型抽样,是先将总体中的所有元素按某种特征或标志(如性别、年龄、职业或地域等)划分成若干类型或层次,然后在各个类型或层次中采用简单随机抽样或系统抽样的办法抽取一个子样本。最后,将这些子样本合起来构成总体的样本。

例如在一所大学抽取学生进行调查时,我们可以先把总体分为男生和女生两大类;然后采用简单随机抽样或系统抽样的方法,分别从男生和女生中各抽取 100 名学生;这样,由这 200 名学生构成的就是一个由分层抽样得到的样本。当然我们还可以按年级、系或者专业来对总体进行分层。

分层的作用主要有两个:一是便于对总体中不同的层次或类别进行单独研究或者进行比较;二是在不增加样本规模的前提下,减少抽样误差,提高抽样的精确性。在分层抽样中,总体按某一指标分层后,异质性强的总体就被分为一个个同质性强的子总体。各子总体内样本分布比较均匀,样本单位的代表性比较高。分层抽样对各个层都要抽样,这就在一定程度上保证了样本结构与总体结构的相似性,提高了抽样的精度。

实际上,分层抽样是科学分组与抽样原理的有机结合,前者是划分出性质比较接近的层,以减少标志值之间的变异程度;后者是按照抽样原理抽选样本。因此,分层抽样一般比简单随机抽样和系统抽样更精确,通过对较少的样本进行调查,得到比较准确的推断结果,特别是当总体数目较大、内部结构复杂时,分层抽样往往能取得令人满意的效果。

对于分层抽样的方法,抽取的样本代表性的好坏与分层时选择的标准有很大关系。那么在实际抽样中究竟应该按什么标准来分层呢? 通常采用的分层原则有以下三种。

(1) 以调查所要分析和研究的主要变量或相关的变量作为分层的标准。比如要调查了解社会中不同职业的人员对企业改革的看法,就可以以人们的职业作为分层的标准。

(2) 以保证各层内部同质性强和各层之间异质性强、突出总体内在结构的变量作为分层标准。比如要调查企业人员对企业上市的看法,可以将岗位性质作为分层的标准,将企业员工划分为管理人员、技术人员、工人和其他人员四大类。

(3) 以现有的常用分层变量为标准。由于性别、年龄、民族、职业、收入、文化程度、城乡社区等与社会调查所关注的很多现象都有直接的联系,同时也相当容易获得,因此它们都是常用的分层标准。

按照各层之间的抽样比是否相同,分层抽样可分为按比例分层抽样与不按比例分层抽样两种。按比例分层抽样是指按各种类型或层次中的单位数目同总体单位数目间的比例来抽取子样本的方法,即样本各类型或层次的比例与总体类型或层次的比例相同。有时,当总体中有的类型或层次的单位数目太少,若以按比例分层的方法抽样,则有的层次在样本中的个案太少,不便了解各层次的情况,这时也会采取不按比例分层抽样的方法。例如在某高校数学系中,男生有 450 人,女生有 50 人,研究者想对他们作一个有关学生对专业学习兴趣的调查。如果按照等比例分层抽样抽取一个 100 人的样本,那么男生应该是 90 人,女生为 10 人。但研究者很想同时对女生专业学习兴趣做一个单独研究或者和男生作对比研究,看看不同性别的 10 人,尤其是女生在数学学习中的兴趣特点。那么如果按照等比例抽样抽取的子样本仅包括 10 人,这对研究者而言数量显然太少了。这个时候,为了更好地实现研究目的,就可以采用不等比例的分层抽样方法,扩大女生的样本规模(需要注意的是,若要使用通过不等比例分层抽样所得的样本资料去推论总体,还需要先对各层的数据资料进行加权处理,即通过调整样本中各层的比例,使数据资料恢复为总体中各层实际的比例结构)。虽然在实际分层抽样的案例中,等比例的分层抽样应用得较多,而且代表性更强,但应该采用哪种方法,还是要结合实际情况和研究需要来决定。

4. 整群抽样

整群抽样是从总体中随机抽取一些小的群体,然后由所抽出的若干个小群体内的所有元素构成调查的样本的方法。整群抽样与前几种抽样的最大差别在于,它的抽样单位不是单个元素,而是成群的元素。这种小的群体可以是居民家庭、学校中的班级,也可以是城市中的居委会等。当构成总体的这些小群体的规模相同或者相差不大时,整群抽样的方法特别适用。整群抽样中对小群体的抽取可采用简单随机抽样、系统抽样或分层抽样的方法。

整群抽样的方法是:先将总体划分成若干个子群,每个群包含若干个次级单位,然后以一定的方式从总体中抽取一部分子群,并由中选群中的所有次级单位的集合构成总体的样本。它的步骤如下。

(1)确定分群的标准。

(2)将总体按一定标准划分为互不重叠的部分,每个部分为一个子群。

(3)根据每个子群的样本量,确定应该抽取的群数。

(4)采用简单随机抽样或系统抽样的方法,从子群中抽取若干个群,被抽中的群中的所有元素,就构成了整群抽样的样本。

如某大学共有 80 个班级,每班都是 40 名学生,总共有 3200 名学生。现要抽取 200 名学生作为样本进行调查。如果我们采用整群抽样的方法,就不是直接去抽取一个个的学生,而是从全校 80 个班级中,采取简单随机抽样的方法抽取 10 个班级,然后由这 10 个班级的全部学生构成调查的样本。

采取整群抽样的方法,不仅可以简化抽样的过程,更重要的是它可以降低调查中收集资料的费用,同时还能相对扩大抽样的应用范围。在简单随机抽样和系统抽样中,都要求有一份总体所有成员的名单,即抽样框。但在实际调查过程中,这样的名单往往难以获得,有时即使可以获得,真正运用起来也十分麻烦。因此,上述两种抽样方法的应用范围受到一定限制。例如要在一个有 10 万户家庭的城市中抽取 1000 户家庭进行调查,若按上述两种方法,首先需要有总体所有成员的名单,也就是 10 万户家庭的排列名单。这在实际调查中,往往是很难获得的。这时,如果采用整群抽样的方法,就可以省去这种麻烦,使抽样变得简单易行。可以按居委会来编制抽样框,假设全市共有 200 个居委会,每个居委会有 500 户左右的家庭,那么我们只需查到 200 个居委会的名单,并按上述两种方法之一从中抽取两个居委会,然后将这两个被抽中的居委会中的所有家庭作为我们调查的样本就行了。从这一例子中,我们不难看出整群抽样的优点。许多较大规模的社会调查往往从节省经费、人力及从调查的可行性等方面考虑,常常采用整群抽样的方法。

同时,我们应该看到,和简单随机抽样、系统抽样、分层抽样相比,整群抽样抽取样本的代表性相对较低,调查结果的误差相对较大。由于整群抽样所抽样本中的个体相对集中,而涉及面相对缩小,故在许多情况下会导致样本的代表性不足,使调查结果的偏差较大。

整群抽样方法的运用,要与分层抽样的方法相区别。当某个总体是由若干个有着自然界限和区分的子群组成,不同子群之间差别很大而每个子群内部的差异不大时,适合分层抽样方法;反之,当不同子群之间差别不大而每个子群内部的异质性程度比较大时,则特别适合采用整群抽样的方法。当然,这种区分并非固定不变的,而是和调查的内容相联系的。

5. 多段抽样

多段抽样又称多级抽样或分段抽样,它是按抽样元素的隶属关系或层次关系,把抽样过程分为几个阶段进行,在每个阶段都使用简单随机抽样、系统抽样、分层抽样的方法来进行抽样。

在社会调查中,我们常会面对一个规模较大的总体,无法获得抽样所需要的总体元素的名单(即抽样框)。这时如果采用简单随机抽样、系统抽样、分层抽样的方法,虽然代表性较高,但因样本分布较广,调查的费用也非常高。例如研究者如果要做一个全国性的调查,抽样框又难以获得,通过使用简单随机抽样、系统抽样、分层抽样的方法抽取的样本,可能分散在全国不同的地区,调查费用会极其昂贵。在这种情况下,就需要采用多段抽样的方法。也就是说,当总体的规模特别大,或分布特别广的时候,比较适合采用多段抽样的方法进行调查。

多段抽样的具体做法是:先从总体中随机抽取若干大群,然后从这几个大群内抽取几个小群,这样一层层抽下来,直至抽到最基本的抽样元素为止。

如果总体中的抽样单位可以按分类逐级划分,则先按某个概率抽取一级抽样单位,从每个被抽取的一级抽样单位中再抽取二级抽样单位构成样本,这种抽样方式称为二阶段抽样。如果二级单位由更小的三级抽样单位组成,再抽取三级抽样单位,则称为三阶段抽样。二阶段以上的抽样称为多阶段抽样。

例如要调查某市中学老师的健康状况:第一阶段,从全部 40 所中学中抽取 4 所学校,并确定在这 4 所学校中各抽取 30 人;第二阶段,在抽取的 4 所学校中,将教师按年龄分为老、中、青三层,然后每个学校根据各层人数的比例,将样本容量 30 进行分解,得到每层应抽取的人数,最后对各层进行简单随机抽样或系统抽样,得到最终的样本。

在多阶段抽样中,从总体中抽出的各级抽样单位的规模相等时,用简单随机抽样或系统抽样做下一阶段抽样,这时属于等概率抽样,样本的规模是不变的。比如要抽 1000 名工人作调查样本,既可以抽 20 个工厂,每个工厂抽 50 名工人;也可以只抽 5 个工厂,每个工厂抽 200 名工人。如何确定每一级抽样的单位数目呢?主要考虑的因素有三个:一是各个抽样阶段中的子总体同质性程度,二是各层子总体的人数,三是研究者拥有的人力和经费。一般来说,抽取的类别相对较多,每一类中抽取的个体相对较少的做法效果较好。当然,此时的抽样代价相对较大。

多段抽样适用于范围大、总体对象多的社会调查。由于它不需要总体的全部名单,各阶段的抽样单位数一般较少,抽样比较容易进行。但由于每级抽样时都会产生误差,故这种抽样方法的误差较大,这是它的主要不足。在同等条件下减少多段抽样误差的方法是:相对增加开始阶段的样本数而适当减少结束阶段的样本数。

二、非概率抽样方法

非概率抽样不是按照概率均等的原则,而是根据人们的主观经验或其他条件来抽取样本。与概率抽样相比,非概率抽样样本的代表性往往较小,有时误差相当大,而且这种误差又无法估计。但是由于非概率抽样非常简便易行,并能通过对样本的调查而大致了解总体的某些情况,对调查研究工作很有启发作用,所以非概率抽样多在探索性研究中采用。非概率抽样也适用于那些调查对象的总体难以具体界定,以及不需要准确推断总体情况的调查。常用的非概率抽样有以下几种。

1. 偶遇抽样

偶遇抽样又称作方便抽样或自然抽样,是指研究者根据现实情况,以自己方便的形式抽取偶然遇到的人作为调查对象,或者仅仅选择那些离得最近、最容易找到的人作为调查对象。如在十字路口拦住过往行人进行调查,在图书阅览室对正在阅读的读者进行调查,在学校食堂门口对前去就餐的同学进行调查,利用报刊向读者进行调查。这种方法比较简单方便,适用于探索性研究,但样本的代表性较差,具有很大的偶然性。

这种碰到谁就选谁的简单方法往往被有些人误认为就是随机抽样,仅从表面上看,二者的确有些相似,都排除了主观因素的影响,纯粹依靠客观机遇来抽取对象。但二者有一个根本的差别:偶遇抽样没有遵循等概率原则,也就是没有保证使总体中的每个成员都具有同等的被抽中的概率。那些最先被碰到的、最容易见到的、最方便找到的对象被抽中的机会比其他对象大得多。正是这一点使我们不能依赖偶遇抽样得到的样本来推论总体。

2. 判断抽样

判断抽样又称立意抽样,它是调查者根据研究的目标和自己主观的分析来选择和确定调查对象的方法。在进行典型调查时,确定典型的方法就在一定程度上与判断抽样类似。这种抽样首先要确定抽样标准。由于标准的确定带有较大的主观性,所以此法的优点主要在于可以充分发挥研究人员的主观能动作用。特别是当研究者对研究总体的情况比较熟悉,研究者的分析判断能力较强,研究方法与技术十分熟练,研究的经验比较丰富时,采用这种方法往往十分方便。但是这种方法容易因主观判断产生抽样误差。同时,由于判断抽样中各个调查单位被抽取的概率无法获知,因而无法计算抽样误差和可信度。所以在实际中,判断抽样多用于总体规模小、所涉范围较窄、时间及人力等条件有限而难以进行大规模抽样的情况。

3. 配额抽样

配额抽样也称定额抽样,是按总体的某种特征,确定不同总体类别中的 样本单位数额,然后按比例在各类别中进行方便抽样的抽样方法。配额抽样与分层抽样表面上看十分相似,实际上二者却有本质上的差别:配额抽样注重的是样本与总体在结构比例上的表面一致性,分层抽样完全依据概率原则,排除主观因素,客观地、等概率地在各层中进行抽样。

配额抽样往往从建立描述目标总体特征的矩阵或表格开始,研究者事先必须知道总体某些相关的参数值。它常用的分配标准是能够反映个人特征差异的变量,如年龄、性别、教育程度、婚姻状况、职业、收入等。

假设研究者想通过配额抽样的方法,抽取一个 100 人的样本,决定用性别比、文理科人数比、年级人数比 3 个变量作为决定样本配额的参数值。通过查阅相关资料,研究者了解到总体中的男性占 60%,女性占 40%;文科学生和理科学生各占 50%;一年级学生占 40%,二年级学生占 30%,三年级学生占 20%,四年级学生占 10%。于是,依据总体的构成和样本规模,得到表 4-3 的配额表。

表 4-3　100 人的配额抽样表　　　　　　　　　　　　　　　单位：人

男生（60%）								女生（40%）							
文科（30%）				理科（30%）				文科（20%）				理科（20%）			
年级	一	二	三	四	一	二	三	四	一	二	三	四	一	二	三	四
人数	12	9	6	3	12	9	6	3	8	6	4	2	8	6	4	2

　　配额抽样法适用于调查者对总体的有关特征具有一定了解且样本数较多的情况。这种抽样方法只能局限于用几种方便控制的特征进行分类和配额，而无法对许多同样影响着、体现着总体特征的其他因素进行分类和定额。而且调查者可以主观地在保证各种类型特征定额的情况下自由选取自己方便获得的调查对象，从而无法保证得到的样本能很好地代表总体，或者说极易造成样本与总体之间的偏差。

　　4. 雪球抽样

　　雪球抽样是以"滚雪球"的方式进行的。当我们无法了解总体情况时，可以先从总体的少数成员入手，对他们进行调查，向他们询问还知道哪些符合条件的人，再去找那些人并询问他们所知道的符合条件的人。如同滚雪球一样，我们可以找到越来越多具有相同性质的群体成员。这种方法的偏差很大。比如想要调查退休老人的生活状况，可以通过雪球抽样的方式来抽取在公园里晨练的老人，但是有一些不出门的老人，可能就没有办法通过雪球抽样的方式被抽到。

　　在总体情况不明的时候，滚雪球方法可以帮助研究者克服传统的抽样方法所遇到的困难。但我们必须意识到，"雪球"未滚到的那一部分可能具有值得研究的性质，这部分的遗漏可能会使结果产生偏差。

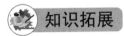 **知识拓展**

中国教育追踪调查（CEPS）抽样设计

　　中国教育追踪调查（CEPS）是我国第一个针对初中阶段学生群体的全国性、连续性的大型社会调查项目，基线调查于 2013—2014 学年进行。调查采用多阶段的概率与规模成比例（PPS）的抽样方法。本报告将对调查的抽样设计进行说明。

　　（一）多阶段抽样设计

　　中国教育追踪调查（CEPS）采用多阶段的概率与规模成比例（PPS）的抽样方法，抽样过程分为四个阶段，如表 4-4 所示。

表 4-4　CEPS 抽样设计的四个阶段

抽样阶段	抽样单元
第一阶段（PSU）	在全国县（区）级行政单位中抽取 28 个县（区）
第二阶段（SSU）	在每个入样县（区）所辖地理范围内分别抽取 4 所开设了七年级和/或九年级的学校
第三阶段（TSU）	在每所入样学校中分别抽取 4 个班级，包括 2 个七年级班和 2 个九年级班
第四阶段	入样班级的所有学生、家长、班主任、主科目（语数英）任课教师及学校领导[①]构成最终调查样本

---

① 在计算权数时只考虑学生而不考虑家长、班主任、主科目（语数英）任课教师及学校领导。

（二）抽样框设计

1. 第一阶段

抽样第一阶段（见表 4-5），以县（区）级行政单位作为 PSU。根据 2010 年全国第六次人口普查数据，将全国（不含港澳台）共 2870 个有常住人口的县（区）级行政单位分成 3 个抽样框，共抽取 28 个县（区），其中核心样本 15 个县（区），补充样本 13 个县（区）。

抽样框 1：全国所有 2870 个县（区）级行政单位，从中抽取 15 个区（县）作为核心样本。

抽样框 2：上海市所辖 18 个县（区），为充分反映特大城市上海市的特殊情况，本次调查将上海市所辖 18 个县（区）单独作为一个抽样框，从中抽取 3 个县（区）作为补充样本。

具体而言，在抽样框 2 中，由于上海市多个县（区）拥有大量外来流动人口，为了更好地反映这种特殊性，在抽样时首先从上海市全部 18 个县（区）中抽取 1 个县（区）作为抽样框 2 的核心样本，再将 18 个县（区）中拥有大量流动人口[①]的 13 个县（区）作为一个子抽样框，从中抽取 2 个县（区）作为抽样框 2 的补充样本。

抽样框 3：全国拥有大量流动人口的 120 个县（区），为使更多流动儿童、随迁子女进入样本，从而充分反映流动人口的特殊属性对教育过程和教育不平等的影响，本次调查从全国拥有大量流动人口的 120 个县（区）中抽取 10 个县（区）作为补充样本。

表 4-5   CEPS 的 PSU 抽样框设计

样本类型	PSU 抽样框	抽样框说明	PSU 总体	PSU 样本
核心样本	抽样框 1		2870	15
补充样本	抽样框 2	2a 上海核心样本	18	1
		2b 上海补充样本	13	2
	抽样框 3		120	10

2. 第二阶段

抽样第二阶段，以学校作为 SSU。由地方合作单位通过入样县（区）教育部门收集当年（2013—2014 学年）最新统计的学校名单[②]、学校类型[③]和学校规模[④]等基础资料。项目组基于以上资料，构建第二阶段抽样框，采用概率与规模成比例（PPS）的抽样方法，从每个入样县（区）抽取 4 所学校。

特别说明一点，在这一阶段的抽样及后面的学生个体权数计算过程中，所使用的都是入样县（区）教育部门提供的 2013—2014 年统计数据，而未使用全国初中学校总名单及其统计的各校学生数量，原因在于各地新建学校或撤销现有学校的情况比较普遍，学生人

---

① 拥有大量流动人口的县（区）定义为跨省流入人口超过 19.6 万人或者省内流入人口超过 22.2 万人的县（区）。

② 本阶段抽样框的学校指的是入样县（区）所辖地理范围内的所有开设七年级/九年级阶段教育的学校，包括三年制或四年制初级中学、开设了三年制或四年制初中部的完全中学及开设了三年制或四年制初中部的九年一贯制学校、十二年一贯制学校，但不包括职业初中。

③ 学校类型包括公立学校、私立学校或打工子弟学校，指的是该校初中部的情况，不包括与其同属一校。

④ 学校规模指该校初中部在校学生数量，不包括与其同属一校的高中部或小学部。

数逐年变化,而能够获得的全国学校最新名单为 2009 年,信息滞后较为严重,无法作为抽样框使用。以抽样框 2 的 4 个 PSU 样本为例,将 2009 年全国初中学校总名单所列出的学校与 2013 年入样县(区)教育部门提供的学校名单所列出的学校进行对比,对比结果如表 4-6 所示。

表 4-6 以抽样框 2 为例的 2009 年和 2013 年学校名单对比

PSU	2009 年学校总数	2013 年学校总数	2009 年和 2013 年都存在的学校数量	2009—2013 年撤销学校数量	2009—2013 年新建学校数量
1	22	26	15	7	11
2	47	52	42	5	10
3	30	30	29	1	1
4	31	35	30	1	5

3. 第三阶段

抽样第三阶段,以班级作为 TSU,此阶段的抽样工作由地方合作单位在实地调查开始前完成。如果入样学校的被调查年级只有 1 个班或 2 个班,则全部入样;如果该年级有 3 个及以上班级,则使用班级抽样页中的随机数表抽取 2 个班级。

4. 第四阶段

完成第三阶段的班级抽样后,被调查班级的所有学生全部入样。

项目能力训练

(1)某校有 4000 名毕业生,共 80 个班级。现要从中抽取 200 名学生进行调查,以了解全校毕业生的就业意向。现打算分别用等距抽样、分层抽样、整群抽样等方法抽取样本,请根据每种抽样方法的抽样程序分别列出抽样框。

(2)某市有 300 所小学,共 240000 名学生。这些小学生分布在全市 5 个行政区,其中:重点小学有 30 所,一般小学有 240 所,较差的小学有 30 所。现要从全体学生中抽取 1200 名进行调查,以了解全市小学生的学习情况。请设计几种抽样方案。

(3)为了了解在校大学生对自主创业的理解程度、关注程度及在自主创业过程中遇到的困难等,某职业技术学院公关策划班学生决定开展一次调查。在没有任何经费来源的情况下,应抽取多少名学生作为调查样本。

(4)某社区居委会要调查社区居民对社区服务的满意度,欲从某居民小组 60 户居民家庭中抽取 10 户作为样本进行调查。请利用随机数表进行简单随机抽样,并写出抽样步骤。

(5)某大学有教师 1000 名,其中正教授 253 人,副教授 375 人,讲师 108 人,助教 61 人,教辅 203 人。现计划用分层抽样的方法,从中抽取 100 名教师为样本,将职称作为分层变量,请用表格形式列出分层抽样结果,要求包括人数、百分比及等比例分层样本、分层等距样本数。

（6）假设某大学共有 100 个班级，每班有 30 名学生，总共有 3000 名学生。现要抽取 300 名学生作为样本，请问应如何采用整群抽样的方法？

（7）根据以下资料进行定额抽样。假设某高校有 4000 名学生，其中男生占 60％，女生占 40％；文科学生和理科学生各占 50％；一年级学生占 40％，二年级、三年级、四年级学生分别占 30％、20％和 10％。现在要用定额抽样方法依上述三个变量抽取一个规模为 100 人的样本。请问依据总体的构成和样本规模，如何进行定额抽样？要求列出 100 人的定额样本分布表。

项目综合训练

下面是选择调查对象时，抽样过程工作的几项主要标准，要求联系实际逐条领会指标的含义，运用本项目所学的知识，根据调查课题将这些事项填入表 4-7 中。

表 4-7　调查样本的选择

抽 样 设 计	
抽样总体	
抽样方法	
样本规模	
抽选样本具体实施的步骤	

扫描二维码下载项目综合实训内容，可结合实际调整内容和格式。

调查样本的选择

项目五

设计调查问卷

项目描述

本项目学习和理解不同种类调查问卷的特点;弄清调查问卷的基本结构与写法,明确不同题型的意义与作用,重点掌握问题和答案的设计方法;能按实际操作过程设计出符合要求的调查问卷;具备对调查问卷的合理性和科学性进行检查和修正的能力。通过学习和训练,培养科学严谨、实事求是的工作态度。

任务一　分析调查问卷

任务目标

(1) 明确调查问卷的基本结构。

(2) 掌握调查问卷设计的要求。

(3) 了解调查问卷设计的步骤。

任务描述

王宏准备写毕业论文了,他想尝试做一次问卷调查,通过问卷调查获取的资料来写论文。他觉得问卷调查难度不大,于是通过查阅资料很快就整理出一份问卷。

大学生网络参与状况调查问卷

亲爱的同学:

您好,首先感谢您在百忙之中填写本问卷。我是××,现在正在进行毕业论文设计,为此特制订本问卷,您的意见和建议将是本论文不可缺少的资料,衷心感谢您的大力支持与帮助,谢谢!

1. 您的性别是:＿＿＿＿＿＿＿

2. 您的年级是:＿＿＿＿＿＿＿

3. 您的专业是:＿＿＿＿＿＿＿

4. 您的家庭所在地是:＿＿＿＿＿＿＿

a. 城市   b. 县城   c. 乡(镇)村

5. 您的政治面貌：_____

     a. 中共党员(中共预备党员)   b. 共青团员   c. 群众

6. 您是否在学生会、团委(校级或院级)担任过或者正在担任职务：

     a. 是   b. 否

7. 在当地,您的家庭生活水平：_____

     a. 很低   b. 较低   c. 一般

     d. 较高   e. 很高

8. 您每天花在上网的时间_____。

     a. 1 小时以内   b. 2~4 小时   c. 5~8 小时   d. 8 小时以上

9. 您平时上网的主要目的是_____。

     A. 娱乐游戏   B. 社交活动

     C. 获取外界新信息   D. 学习和浏览知识

10. 对于网络上的社会热点问题您通常会_____。

     A. 浏览与知情   B. 评论与转发

     C. 如有机会向有关部门提出建议   D. 不大关心

11. 您一般参与_____形式的网络事务。

     A. 社会环境公共事务   B. 学校生活公共事务

     C. 政治生活公共事务   D. 基本没参与过

12. 您参与过学校、社团或学生组织的线上或线下的事务决策过程吗？

     A. 参与过   B. 有时   C. 很少   D. 没参与过

13. 您认为目前学校提供的参与各类活动的渠道能够满足您的参与需求吗？

     A. 完全满足   B. 基本满足

     C. 不能较好地满足   D. 不能满足

14. 当您在网络上看到有争议性的事件时您会_____。

     A. 默默关注,不予回应

     B. 尝试发表自己的看法,与他人讨论

     C. 认为自己的看法是正确的,试图说服他人

     D. 看到与自己有异议的便指责争吵

15. 当您在网络论坛中发表评论被删除、批评或拉黑时,您会_____。

     A. 反思自己是否言语不当   B. 更换另一种方式表达自己的看法

     C. 注册新的账号为自己申辩   D. 认为网站管理员失职

16. 您认为当前对于网络参与的监督机制做的怎样？

     A. 很好很全面   B. 一般

     C. 很少进行有效监督   D. 没有起到监督效果

17. 您最喜欢的网络参与平台有_____。

     A. 政治网站   B. 时事论坛   C. 大学论坛/BBS   D. 贴吧

     E. 微博   F. 直播聊天室   G. 电子邮箱   H. 其他_____

18. 您通常关注＿＿＿＿＿＿的社会问题。

   A. 民生保障/城市建设(如教育、医疗、住房、物价等)

   B. 外交/军事

   C. 社会生活(如文化、娱乐、慈善等)

   D. 政府行为/政治人物

   E. 学校事务(如社团活动、校园热点等)

   F. 其他＿＿＿＿＿＿＿＿＿

19. 您认为目前学校组织的线上或线下的学生参与活动存在的问题有＿＿＿＿＿＿。

   A. 活动公信力不足,影响力不足

   B. 大学生对校园事务涉及的知识面较狭窄

   C. 校园活动参与方式较为单一

   D. 大学生参与校园活动主动性不强

   E. 形式化严重,无法体现参与效果

   F. 学生参与行为不规范,责任感不足

   G. 其他＿＿＿＿＿＿＿＿＿

20. 您参与社会问题的讨论或评论的主要原因是＿＿＿＿＿＿。

   A. 认为自己对该领域的问题较为熟悉　　　B. 有自己的不同见解

   C. 我想维护社会的道德秩序　　　D. 社会责任感

   E. 凑热闹,博关注　　　F. 其他＿＿＿＿＿＿＿＿

21. 您不参与社会问题的讨论或评论的主要原因是＿＿＿＿＿＿。

   A. 感觉事情离自己太远,与自己无关

   B. 不懂相关知识和背景,不知道该讨论什么

   C. 网络参与道德秩序杂乱

   D. 担心受到"网络暴力",无法坚持自己的观点

   E. 无法辨别信息真假

   F. 政府缺乏鼓励与支持

   G. 其他＿＿＿＿＿＿＿＿＿

22. 您认为目前大学生网络参与的过程中,存在的最大问题是＿＿＿＿＿＿。

   A. 网络信息混乱而不真实,影响判断和正确的政策方向

   B. 大学生网络参与能力不足,易被煽动

   C. 网民表达情绪化,语言简单粗暴,易产生冲突

   D. 意见表达集中在少数群体,大部分民众处于只看不说的状态

   E. 有效而便捷的参与通道还不是很畅通

   F. 其他＿＿＿＿＿＿＿＿

📖 任务指导

问卷设计,看似简单的一件事情,其实也是一件不简单的任务。王宏通过查阅资料拼凑出的问卷存在很多问题。

如果他贸然开始问卷调查,在收集资料的时候就会遇到很多困难。第一,封面信很难说服调查对象填答问卷;第二,问卷没有指导语,调查对象拿到问卷不知道如何填答;第三,题目的编码不统一,会给后续的统计带来麻烦,而且看起来也非常不严谨;第四,问卷题目和答案设计不合理。

建议王宏在设计问卷之前先调查清楚几个问题:①调查问卷有哪些构成要素? ②设计问卷要经过哪些步骤? ③如何设计一份高质量的问卷?

必备知识和技能

随着社会发展速度的加快,社会分工日益细化,人们的思想意识日渐多元化,不同社会群体间的差异不断增大,从而促进了社会调查方式方法的变化。调查问卷是以书面提问的形式测量被调查者的行为、态度、特征及其他信息的一种工具,又称调查表或询问表。它具有针对性和客观性强;问题统一、规范,便于统计与定量分析;适用范围广泛;获取信息效率高等优点。问卷调查法的产生和广泛运用,为社会科学研究尤其是为社会学研究提供了一条新的认识社会现实的途径和工具,越来越受到人们的重视。

一、调查问卷的基本结构

提起问卷,很多人的第一反应就是一组问题。毫无疑问,问卷中的问题是主体内容,但并不意味着问题及答案构成了问卷的全部。事实上,人们在长期的社会调查实践中,通过不断摸索、不断总结,逐步形成了一套较为固定的问卷结构。一份完整的问卷,主要包括标题、封面信、指导语、问题及答案、编码及其他资料等内容。虽然在地区不同、环境不同、研究目的不同、调查方式不同的情况下,问卷的结构或有变化,但绝大多数的结构式问卷都遵从了这种统一的、稳定的、实用的结构模式。问卷结构在调查中所起的作用十分重要,结构凌乱、不整齐的问卷会给研究者和调查对象带来许多额外的困难,需要引起我们的重视。

(一)标题

每份问卷都有一个特定的研究主题。标题一般包括调查对象、调查的主要内容和"调查问卷"字样。如"××大学社区管理专业学生的专业认同感调查问卷"。这个标题就明确地指出了调查的对象和调查的中心内容,十分鲜明且无歧义,能够让调查对象迅速判断调查的大致内容及是否接受这个调查。在实际调查中,有的研究者过于轻视这个问题,要么没有标题,要么标题内容太宽泛,或者文不对题,这些都是不可取的。

(二)封面信

封面信,也称"卷首语"或"前言",用来向被调查者简要说明调查的目的和意义、对被调查者的希望和要求,以及填写方法和调查人的承诺事项等,一般放在调查问卷标题下面,与书信结构相同,有抬头、正文、落款、日期。封面信一般要求通俗易懂、简明扼要,既能让被调查者看明白问卷的基本情况,又不至于拖沓冗长,一般两三百字较好,在语气上要态度诚恳,给被调查者留下良好的第一印象。一般来说,封面信的结构包括以下内容。

1. 介绍调查者的身份

在封面信中要说明调查者的个人身份和主办单位,也就是说明"我是谁,来自哪里"。在做自我介绍的时候,一般有两种方式。一种方式是调查者直接在封面信中说明自己的身份,如"我们是××政法职业学院社区管理专业的学生,我们正在进行一项社区居家养老的调查";另一种方式是通过落款来说明自己的身份,如落款直接署名"××政法职业学院居家养老项目调查组"等,以落款的方式做自我介绍时,一定要有明确的单位名称,不能只写某调查组这样的署名,否则被调查者即使看到这样的署名,也很难消除内心的疑虑。调查者在自我介绍时应大大方方,让被调查者越明白越好。

2. 介绍调查的大致内容

对调查内容的说明就是要指出"调查什么"。调查内容的说明不能太长,既不能十分详细,也不能含含糊糊,甚至避而不答。应做到清楚明了、概括性强,常用一两句话来提炼研究的中心和调查的大致范围,例如"我们正在做关于大学生专业认同感的调查"。

3. 说明调查的目的

对调查主要目的的说明也就是要指出"为什么要进行这项调查"。对这种目的或作用的说明,首先应该强调它的社会价值,因为社会价值更易被大众理解和接受。其次,还要强调它的实际作用,尤其是和被调查者切身利益相关的价值和作用。这样具有社会价值、实际意义的说明更容易打动被调查者,使被调查者认可调查的目的和作用,认为完成这项问卷调查是有益的事情,从而获得他们的支持与配合。

4. 说明调查对象的选取方法及保密措施

在封面信中,要向被调查者说明"依据什么标准和什么方式来选择被调查者参与调查"。例如"我们按照随机的方法选取一部分大学生作为我校大学生的代表,您是其中的一位"。这样,就可以消除被调查者的戒心或不安。还应该明确说明"本次调查不用填写姓名和单位,答案无对错之分,请您不必有任何顾虑。"在信的结尾,一定要真诚地感谢被调查者的合作与帮助等。

下面是两份实际调查问卷的封面信。

先生/女士/同志:您好!

我叫_____,是受××委托的社会调查员。我们正在进行一项社会调查,目的是了解民众的就业、工作和生活情况,以及对当前一些社会问题的看法。经过严格的科学抽样,我们选中了您作为调查对象。您的合作对我们了解有关信息和制定社会政策,有十分重要的意义。

问卷中问题的回答,没有对错之分,您只要根据平时的想法和做法回答就行。访问大约要一个小时。对于您的回答,我们将按照《统计法》的规定,严格保密,并且只用于统计分析,请您不要有任何顾虑。希望您协助我们完成这次访问,谢谢您的合作!

××大学大学生学习生活状况调查问卷

亲爱的同学：

　　您好！我们是咱们学校的学生，目前我们正在进行《社会调查研究方法》课程实习（践）。为了进一步了解大家的学习生活状况，我们借助课程实习（践）的机会，特开展此次问卷调查。本次调查以不记名的方式进行，您的宝贵意见将有助于我们学习、掌握和运用好这门课程，敬请畅所欲言。非常感谢您的大力支持！

社会调查研究方法课程调查小组
2021 年 11 月 × 日

（三）指导语

　　指导语就是提示被调查者如何正确填答问题的一组陈述，它对于问卷的作用相当于一部机器的使用说明书，用来指导被调查者如何回答问题或解释问卷中某些信息的含义。指导语一般放在问题的后面，用括号括起来，如下面的问题：您认为大学生上网的目的是？（可选择多个答案）①查资料；②玩游戏；③交友；④听音乐；⑤购物；⑥看电影；⑦其他_____（请写明）"。用括号括起来，其作用主要是指导被调查者填写该问题。"可选择多个答案""请写明"，都是卷中指导语。总之，问卷中每一个有可能使回答者不清楚的地方，都要给予一定的指导说明。

　　有些指导语可放在卷首语中一并说明，有些大型调查问卷的指导语涉及问题较多时，可专门制作"填表说明"并放在封面之后。

　　如请在所选答案的序号上画"√"，或将答案填写在相应的横线上（或空格）。

　　指导语还有一个作用：规定或解释概念和问题的含义。如在"自由支配时间"后面加注"包括娱乐时间和各种业余时间"。

（四）问卷的主体

　　问卷的主体一般由问题和答案组成。从形式上看，问题可分为开放式问题和封闭式问题两类。

　　开放式问题就是不为回答者提供具体答案，由回答者根据自己的情况自由填答的问题，简言之，就是只提问题不给答案。例如"您认为在社会工作中遇到的最大的问题是什么？"就是一个开放式问题。当我们在这个问题下面列出了若干个答案，要求回答者选择其一回答时，这个问题就变成了封闭式问题。比如：

您认为在社会工作中遇到的最大的问题是什么？

　　①自己的能力有限；②与同事的关系；③与领导的关系；④服务对象不配合工作；⑤国家是否真正重视社工的待遇。

　　开放式问题的主要优点是允许回答者充分自由地发表自己的意见，所得资料丰富生动；其缺点是资料难以编码和统计分析，对回答者的知识水平和文字表达能力有一定要求。

　　封闭式问题的优点是填答方便，省时省力，资料易于统计分析；其缺点是资料失去了自发性和表现力，回答中的一些偏误也不易发现。

　　根据开放式问题与封闭式问题的不同特点，研究人员常常把它们用于不同的调查中。

比如在探索性调查中,常常用开放式问题构成问卷;而在大规模的正式调查中,则主要采用以封闭式问题构成问卷。

问卷主体的问题从内容上看,可分为有关事实性的问题、有关态度的问题和有关个人背景资料的问题等。问题的顺序一般如下。

1. 有关事实性问题

事实性问题是指要调查了解客观存在或已经发生的行为事实,它包括存在性事实和行为性事实两个方面。

(1) 存在性事实问题是用于调查"是否有""有多少"这方面的事实。

(2) 行为性事实问题是用于调查曾经发生过的行为,包括发生行为的时间、地点、行为方式等多方面的内容。

2. 有关态度方面

态度调查大多用测量形式的题目。

3. 个人基本资料

在问卷设计时,个人基本资料往往是作为自变量而被使用的。个人特征变量是所有调查问卷都必须具有的,因为它是对被调查者分类和对不同类型被调查者进行对比研究的重要依据,只是不同的调查目的和内容所收集的个人特征信息的侧重点不同。

研究中常常以下列一些个人特征因素作为自变量,在问卷设计时,可根据研究课题和研究假设选择使用。

(1) 个人基本因素(年龄、性别、工作所在地、职业、岗位或职务、工作年限等)。

(2) 教育条件因素(教育程度、在学年级、成绩等级、生源地、所修专业等)。

(3) 家庭环境因素(家庭人口总数及构成、父母职业、父母教育程度、家庭经济状况等)。

(五)问卷编码及其他资料

问卷编码是指赋予每一个问题及答案一个唯一的数字符号作为它的代码,以便录入计算机进行定量分析。编码多用于规模较大的统计调查,它分为预编码、后编码。在设计问卷时就设计出的编码,称"预编码";问卷调查填写工作完成后进行的编码,称"后编码"。

下面就是问卷编码的一个例子。

A1 您的性别为:①男　②女

A2 您的民族为:①汉族　②少数民族

A3 您的生源地为:①农村　②城镇

A4 您的月平均生活费:＿＿＿＿＿元

A5 您有下列哪些经历/资格?(可多选)

①在学生会/社团担任主席/副主席(至少一学期)②在学生会/社团担任部长/委员(至少一学期)③在学生会/社团担任部员/社团成员(至少一学期)④在班级担任班干部(至少一学期)⑤在本校兼职(至少两个月)⑥在学术型比赛(如论文大赛、建模比赛、创业大赛等)中获奖⑦在非学术型比赛(如歌舞大赛、演讲大赛、体育比赛等)中获奖⑧其他＿＿＿＿＿(请注明)

上例中,问题的代码分别为 A1,A2,A3,…,A6,而每个问题中的每个答案也都被赋予一个阿拉伯数字作为代号。比如 A1 中,男性被赋予数字 1,而女性被赋予数字 2;A3

中的农村被赋予数字 1,城镇被赋予数字 2,等等。

根据问卷中问题形式的不同,代码的赋予形式也略有不同。对于填空形式的问题,比如上例中的 A4,问卷中没有标出具体答案,而是给被调查者留了一个空白位置,让其根据自己的情况,直接将数字填入空白位置。因此我们就用回答者所填写的数字,作为其答案的代码。

有些规模大的调查,预编码除了给每个问题和答案赋予一个数码外,还要在问卷上设计出资料转换栏。

除了编码以外,有些问卷还需要在封面上印上问卷编号、访问人员姓名、访问日期、审核人员姓名、被调查者住地等有关资料。如表 5-1 和表 5-2 所示是问卷编号和调查情况等内容。

表 5-1   问卷编号

区编码 (2 位数字)		街/乡编码 (3 位数字)			社区/村编码 (3 位数字)			个人编码 (3 位数字)		

表 5-2   调查情况

陪访人员姓名:_____	陪访人员联系电话:_____
访问人员姓名/编号:_____	访问人员联系电话:_____
访问日期:___年___月___日	开始时间:____点____分

二、调查问卷的设计原则

优良的问卷设计不仅需要具体的方法和技术,还要牢记下面的几条基本原则,这是提高设计质量的重要因素。

1. 要明确问卷设计的出发点

社会调查过程是一个由调查者设计问卷,由被调查者填答问卷的过程。从第一个过程来看,在设计问卷时,要考虑调查者的需要,即问卷设计要紧紧围绕所研究的问题和所要测量的变量来进行。从第二个过程来看,社会调查也是被调查者填答问卷的过程。要使调查取得好的效果,设计问卷时就不能只把注意力集中在编制什么样的问题上,还要注意问卷调查过程中人的因素,也就是要关注被调查者的感受,多为回答者着想,多从回答者的角度考虑,尽量为他们填答问卷提供方便,减少困难和麻烦。

2. 要弄清楚阻碍问卷调查的各种因素

由于问卷调查需要被调查者的合作,在设计问卷时,必须对那些在问卷调查过程中可能出现的阻碍因素有清楚的认识。这些障碍主要分为主观障碍和客观障碍。

主观障碍是由被调查者心理上对问卷产生的各种不良反应所形成的障碍,比如:问卷太长、太厚,或者问卷中需要思考、回忆、计算的问题太多时,回答者就会产生畏难情绪;当问卷中的问题涉及个人隐私等敏感内容时,回答者就容易产生种种顾虑;当问卷的封面信对调查的目的、内容、意义解释不够时,回答者就可能对问卷调查不重视,缺乏积极合作的责任感;当问卷内容脱离调查者的生活实际,或者所用的语言与被调查者的文化背景不协调,或者问卷形式设计得呆板、杂乱时,被调查者就可能对问卷调查毫无兴趣,置之不理,甚至将问卷弃如废纸。

客观障碍是由被调查者自身的能力、条件等方面的限制所形成的障碍。比如受阅读能力的限制。一个被调查者起码要能看懂问卷才能做出回答。如果问卷的格式比较复杂,或者问题比较抽象,或者语言不通俗易懂,那么有些文化程度较低的被调查者就很难看懂问卷的内容和要求。再比如受理解能力的限制。无论是对问题的内容还是对问卷填写的方法,常常会有一些被调查者理解不了,对他们来说,问卷调查就是不可行的。

另外,还有些受记忆能力和计算能力的限制。这种限制主要表现为调查对象记不起来调查的问题,或者因无法完成计算而不能够填答,不是主观方面的原因而不愿意填答。

3. 要明确与问卷设计紧密相关的各种因素

一份问卷的设计不仅要列出一组问题,还涉及许多其他因素,包括调查目的、调查内容、样本的性质等。对任何一项问卷设计工作来说,调查目的就是其灵魂,它决定问卷的内容和形式。如果调查的目的只是了解被调查者的一般情况,那么问卷设计就应该围绕被调查者各个方面的基本事实来进行。如果其目的不是一般的描述,而是要做出解释和说明,那么问卷设计就要紧紧围绕研究假设和关键变量来进行,问卷中必须问什么、不必问什么都将严格受到研究假设的制约。

对于那些回答者比较熟悉、容易引起回答者参与兴趣、不会对被调查者产生心理压力的调查内容来说,问卷设计工作就相对容易一些。这时,问卷的内容可相对详细、深入,提问可以比较直接,问题的数目可以适当多一点。当回答者不熟悉调查的内容,或者调查内容比较枯燥,不易引起他们的兴趣时,特别是涉及一些敏感的内容时,问卷设计工作就要困难一些。这时问卷中的问题相对来说只能问得概略一些、浅显一些、间接一些,问题的数量也应少一些,而问卷的封面信和指导语就得比较详细,措辞也得更加小心。

从样本的性质来说,构成样本的被调查者是些什么样的人,他们的职业、文化程度、性别、年龄的分布状况如何,相互之间差异的大小等,也是设计问卷时应当有所了解的。

三、调查问卷的设计步骤

1. 问卷设计的探索性工作

要设计一份调查问卷,第一步工作并不是马上动手去罗列调查的问题,而是要先做一定的探索性工作。

探索性工作主要包括:进行开放式问卷调查、召开座谈会、个别访谈及实地考察。通过这些工作,我们就能对操作过程中涉及的指标进行修改和完善,并为指标转化为封闭式问题奠定基础。首先,这些工作能够帮助我们弄清楚对某个指标可以提出哪些问题,某个问题可能会有多少种答案,经过归纳便可以设计出这个问题的选择项;其次,这些工作还能够使我们对各种问题的提法、不同类型的回答者所使用的语言、对不同问题的关注程度等获得第一手资料,有利于我们将问题编写得更加清晰,选项更加客观具体,使调查对象能够做出比较真实、准确的回答。

2. 设计问卷初稿

在完成探索性工作之后,便转入设计问卷初稿阶段。传统的设计方法有两种:卡片法和框图法。

这两种方法的差别在于:前者是从具体问题开始,然后到部分,最后到整体;而后者相反,先从总体结构开始,然后到部分,最后到具体问题。由于前者采用卡片形式,故很容易着手进行,尤其是在调整问题的前后顺序和修改问题方面,卡片法十分方便。但同时又由于每一问题散见在一张张卡片上,故往往难以从整体上进行安排、调整和修改。为了发挥二者的长处,避免二者的不足,可以将两种方式结合进行。

现在有了计算机的帮助,设计问卷的工作就变得更加方便了,所有工作都可以在计算机上利用文字处理软件来完成。由于软件可以非常方便地复制、删除、移动,相当于起到了卡片的作用。

我们可以按以下方法来设计问卷。

第一,根据研究目标、假设和概念框架,列出所需资料的各大部分的标题和内容,并初步安排好各个方面的前后顺序和结构;第二,在每个大的部分中,根据探索性工作中得到的各种具体问题及答案,尽可能详细地设计出这一部分的各种调查问题;第三,在完成每个大的部分的具体问题设计后,逐一对每个大的部分中问题的前后顺序进行安排,并注意不同大的部分之间问题的衔接;第四,从问卷整体的长度、是否便于回答、能否减少心理压力等方面考虑,从头至尾对问卷的每个问题进行检查、增删和调整;第五,将修改和调整好的问卷按正式调查问卷的格式编排和打印出来,并加上封面信、指导语、编码等内容,形成问卷初稿。

随着互联网技术和计算机技术的发展,现在可以使用问卷调查软件和手机 App 进行问卷设计,掌握正确的使用方法可以让问卷制作工作事半功倍。表 5-3 是我国主要网络调查平台的对比。

这些软件功能强大,操作简单明了,问卷制作完成之后可以导出电子版,也可以打印成纸质版。可以多次编辑,修改后可以通过电子邮件,微信等方式发送问卷。常见的如"简道云""问卷星""腾讯问卷"等,甚至一些管理软件也有问卷调查模块,如表 5-3 所示。

表 5-3　问卷软件比较

比较项目	问卷星	问卷网	腾讯问卷
上线时间	2006 年	2013 年	2011 年
产品定位	以问卷为基础的数据收集、储存和分析工具	问卷创建、发布、管理、收集及分析服务	创建、编辑、发布、统计、回答、分享问卷的问卷管理平台与服务
产品内容	问卷调查、在线考试、评估系统、报名表单、测评工具、在线投票	问卷调研、投票评选、满意度调查、报名、登记、考试测评、学术调研	问卷系统
创建方式	空白问卷、模板问卷文本导入、人工录入	空白问卷、模板问卷、Excel 导入、人工录入	空白问卷、模板问卷、Excel 导入、人工录入
作答方式	链接、二维码、短信、邮件等多渠道作答	链接、二维码等多渠道作答	微信、QQ 等多渠道作答

3. 试用问卷

问卷初稿设计好以后,还不能直接用于正式调查,问卷初稿通常要经过试用,以检验其合理性和可靠性。试用问卷初稿的具体方法有客观检验法和主观评价法两种方法。

将问卷初稿打印若干份,然后采取非随机抽样的方法选取一个小样本,用这些问卷初稿对他们进行试调查。最后认真检查和分析试调查的结果,从中发现问题和缺陷并进行修改。

检查和分析的内容包括:回收率、有效回收率及填写错误和填答不完全的情况。填写错误包括填答内容的错误和填答方式的错误。前者主要是由于对问题含义不理解或误解造成的,这时要仔细检查问题的用语是否准确、清晰,含义是否明确具体。后者主要是由于问题形式过于复杂、指导语不明确等原因导致填答不完全,包括问卷中某几个问题普遍未作答,从某个问题开始到后面部分的问题都未作答。对于前者,要仔细检查这几个问题,分析出大部分被调查者未作答的原因,然后改进;对于后者,要仔细检查中断部分的问题,分析回答者"卡壳"的原因。

主观评价法的具体做法是将设计好的问卷初稿复印若干份,分别送给该研究领域的专家、研究人员及典型的被调查者,请他们直接阅读和分析问卷初稿,并根据他们的经验和认识对问卷进行评论,指出不妥之处,并进行修改。

4. 修改定稿并印制

问卷设计的最后一步就是修改定稿并印制。根据上述方法找出问卷初稿中存在的问题后,逐一对问卷初稿中的问题进行认真分析和修改,最后定稿。在对修改后的问卷进行印刷的过程中,也要注意版面安排、文字、符号的印刷错误等,这些也将影响最终的调查结果。只有经过了试用和修改,并对校样反复检查后,才能把问卷送去印刷,并用于正式调查。

任务二　问卷主体的设计

✈ 任务目标

(1) 明确不同题型的意义与作用。
(2) 掌握问题和答案设计的常用方法和规则。
(3) 掌握数量与排序的常用规则。
(4) 能够对问卷的合理性和科学性进行检验和修正。

📋 任务描述

街道为了更加深入地了解辖区内老年居民的生活状况,委托社会工作事务所进行相关调研,实习生小张参与了问卷调研组的工作。经过前期的调研和准备,调研组写出了调查问卷的初稿。问卷分为六个部分:第一部分是基本信息;第二部分是生活状况;第三部分是身体状况;第四部分是文娱活动情况;第五部分是社会关系状况;第六部分是养老意愿及需求情况。小张将问卷初稿打印稿送给该项目的督导,督导将六个部分中的有问题的题目都标记了出来,如下所示。拿到督导的修改意见后,小张却看不出问题出在哪里,你能发现有什么不妥之处吗?

×街道老年居民生活状况调查(错误的题项)

第一部分:基本信息

您的年龄:□50～60 岁 □60～70 岁 □70～80 岁 □80～90 岁 □90 岁以上

您的兴趣爱好:

第二部分:生活状况

您的收入状况:□3000 元以上 □2000～3000 元 □1000～2000 元 □500～1000 元
□200～500 元 □0～200 元 □没有收入

第三部分:身体情况

您是否有患病情况:(多)□无明显疾病 □高血压 □心脏病 □糖尿病 □其他

您生病后是谁陪护您较多:□老伴 □子女 □邻居或朋友 □亲戚 □社区干部 □自己

第四部分:文娱活动情况

您经常参与的文娱活动:□文体活动 □棋牌娱乐 □音乐、戏曲和舞蹈 □读书看报
□养动物、植物 □其他

您的文娱活动参与频率:□经常参加 □偶尔参加 □不参加

第六部分:养老意愿及需求情况

您的养老意愿:□在家养老(子女赡养)□机构养老(敬老院等)□自己生活

您目前最迫切的需要是什么:

□需要解决基本生活保障 □需要改善医疗保健或生活救助

□需要改善住房条件 □需要有人陪伴排解孤独 □其他_____

📖 任务指导

这个问卷的错误之处如下。

(1)第一部分基本信息中"您的年龄"这道题答案设计年龄的分段是重叠的,如果是70 岁的老人第二个和第三个选项都可以。"您的兴趣爱好"这道题设计成选择式问题比较合适,因为设计成开放式问题,其答案将不便于统计分类。

(2)第二部分生活状况中"您的收入状况"这道题答案设计收入的分段是重叠的,而且分段区间需要结合实际调研需要。

(3)第三部分身体情况中"您是否有患病情况"这道题答案设计与题目问题不匹配。

(4)第四部分文娱活动情况中"您经常参与的文娱活动"没有指导语,设计的答案分类不合理;"您的文娱活动参与频率"这道题题目设计很模糊。

(5)第六部分养老意愿及需求情况中"您的养老意愿"一题没有穷尽答案,建议设计半开放题,未尽的选项可以由调查对象写出来。"您目前最迫切的需要是什么"一题的第二个选项"需要改善医疗保健或生活救助"有两个要素,调查对象如果在这个选项上有不同的需要就无法选择。

必备知识和技能

一、设计问卷主体的一般要求

问题与答案一起组成问卷的主体,它们是实际测量人们的特征行为和态度的工具,是组成问卷的核心内容。这些问题主要涉及被调查者的行为、态度、情感体验及一些个人背景资料等方面的信息。在设计时,要遵循以下具体要求。

(一)问题设计的要求

1. 问题的语言要尽量简单

不要使用一些复杂的、抽象的概念及专业术语。简单明了、通俗易懂的语言更容易准确获取相关信息。比如"请问您家属于下列哪一类家庭? A. 核心家庭;B. 主干家庭;C. 联合家庭;D. 其他"调查对象会因为不了解专业术语无法回答或错误回答。

2. 问题的陈述要尽可能简短

问题的陈述越长,越容易产生模糊不清的问题,回答者的理解就越有可能不一致。问题越短小,产生模糊不清问题的可能性就越小。因此我们在陈述问题时,最好不要用长句子,要使问题尽可能清晰、简短,使回答者能很快看完,很容易看懂,一看就明白。那种啰嗦的、烦琐的问题只会引起被调查者的反感,只会影响调查的顺利进行。

3. 问题要避免带有双重或多重含义

双重或多重含义指的是在一个问题中,同时询问了两件或几件事情,或者说,在一句话中同时问了两个或几个问题。比如"您觉得现在您所在学校的硬件设施和人文环境如何?"就是一个带有双重含义的问题,它实际上同时询问了"学校的硬件设施如何"和"学校的人文环境如何"这两件事情,由于一题两问,就使那些觉得两方面条件不同的被调查者无法回答。

4. 问题不能带有倾向性

问题的提法和语言不能使被调查者感到应该填什么,或者感到调查者希望他填什么。也就是说,问题的提法不能对回答者产生某种诱导,应保持中立的提问方式,使用中性语言。比如"目前我校学风大有转变,你认为是这样吗?"就是带有倾向性的问题。

5. 不要用否定形式提问

在日常生活中,除了某些特殊情况外,人们往往习惯于肯定形式的提问,而不习惯于否定形式的提问。比如习惯于"您是否赞成'禁放'烟花?"而不习惯于"您是否不赞成不'禁放'烟花?"当以否定形式提出问题时,由于人们不习惯,许多人常常容易漏掉问题中的"不"字,并在这种理解的基础上来回答,这样就恰恰与他们的意愿相反了。这种误答的情形在问卷结果中经常出现但又难以发现。因此,在问卷设计中不要用否定式提问。

6. 不要问回答者不知道的问题

我们所问的问题都应该是被调查者能够回答的,或者说被调查者确实具有回答这些问题的知识和能力。如果向被调查者询问一个他们一无所知的问题,那么被调查者是无法回答的。比如在对城市社区居民的调查中问"您对目前我国新型农村合作医疗制度的实施政策如何评价?"那么,城市社区居民中的大部分人将无法回答,因为他们并不了解或很少了解农村合作医疗制度。

7. 不要直接询问敏感性问题

当问及人们对领导的看法或个人收入等这样一些问题时,人们往往具有一种本能的自我防卫心理。如果直接提问,将会产生很高的拒答率。对这些问题最好采取某种间接询问的形式,语言还要特别委婉。

(二)答案设计的原则

1. 相关性原则

在封闭式问题中问题和答案是一个不可分割的整体,二者之间必须相互协调,问答一致,提什么问题就准备什么答案,不能形成答非所问的情况,即备选答案都是问题应包含的同一层次的内容。如问"您期望从事什么职业?"而答案设计却是"教师、公务员、律师、国有企业、外资企业";问"你每个星期去逛几次街"? 而答案设计却是"没有、偶尔、经常";问"您认为当前自己在学习中存在的最主要的问题是什么?"而答案设计却是"迫切需要解决、不需要解决、无所谓。"

2. 穷尽性原则

穷尽性原则是指问题给出的备选答案必须能涵盖所有的可能,否则就会导致被调查者在问卷中找不到符合自己情况的答案。比如问题"您最喜欢看哪一类电视节目?"答案只有"(1)新闻节目;(2)体育节目;(3)广告;(4)连续剧"。如果调查对象喜欢的节目不在其中,就无法选择了。无法穷尽的可设计"其他"项,由填答者自由填写,或用"以上""以下"等词语概括出未尽事项。如"您在该单位工作多少年?"可设计为"不满 1 年、1～5 年、5 年以上(不含 5 年)"。

3. 互斥性原则

互斥性原则是指问卷当中给出的每个答案之间在内涵上应该相互排斥,不能出现相交甚至重叠的情况,否则就会导致被调查者在问卷中同时发现几个答案都符合自己的情况。例如询问"您的专业技术职称是什么?"如果设计的答案是"初级、中级、副高、高级",就不符合互斥性原则了,因为"副高"与"高级"不是互斥的,而是兼容的,只有设计为"初级、中级、高级"才符合互斥性原则。

答案的设计要根据内容需要选择适当的形式,同一问卷中,设计的形式和方法应尽量统一。

二、问卷的题型及设计方法

题型是问题和答案的组合方式。根据三种不同标准,可将题型分为九种类型。

(一)以有无备选答案为标准,可将题型分为封闭式问题、开放式问题和半封闭式问题

1. 封闭式问题

封闭式问题又称定选型问题,即已经给出可供选择答案的问题。备选答案的多少要根据实际情况确定,答案应尽可能清楚、完整、穷尽、周延。封闭式问题便于统计和进行定量分析,是问卷构成的主要类型。如:

您从事社会工作受过何种奖励?

(多选)①区级 ②市级 ③行业协会 ④其他 ⑤没有

2. 开放式问题

开放式问题就是在设计问卷时,只提供问题而不规定答案,由被调查者自由回答。为此,有必要在问题后面留下一些空白的地方,供被调查者填上自己的答案。这类题型的优点是便于填答人自由发挥,充分表达自己的意见和想法,缺点是无法进行量化和统计。所以在一份问卷中,往往只在最后设计一两道题,作为对封闭式题型的补充。如"您认为该如何提高高职学生的创新能力?您对社区的垃圾分类工作有什么建议"?

3. 半封闭式问题

半封闭式问题是指在问题提出后,提供若干个备选答案让被调查者选择。如果问题的备选答案无法给全符合被调查者实际情况的所有答案,则将备选答案的最后一个选项设计成"其他_____(请注明)"的形式。

半封闭式问题主要是为了解决答案的"穷尽性"。如"您认为在社会工作中遇到的最大的问题是:①自己的能力有限;②与同事的关系;③与领导的关系;④服务对象不配合工作;⑤国家是否真正重视社工的待遇;⑥其他_____(请注明)"。

(二)以对选项多少的要求为标准,可将题型分为单选式题型、多选式题型

1. 单选式题型

单选式题型是对于所提出的问题,只接受一个答案。当被访者给出多个答案时,必须进行确认,以求一个最正确的答案。一般情况下,没有特别注明选择答案数量指导语的题目为单选式题型。

一般情况下,单选式题型有两种类型。第一,两项式单选题,即从两个备选答案中选择一个答案,主要用于对某一事物有无、是非的判断。如"您家有住房贷款吗? ①有;②没有"。第二,多项式单选题,即从三个或三个以上备选答案中限选一个答案。主要用于对事物唯一的特征、性质的判断。如"最近一年里,您村是否召开过全体村民会议? ①没有召开过;②召开过一次;③召开过两次;④召开过三次及以上"。

2. 多选式题型

多选式题型指填写者可以从备选答案中同时选择两项或两项以上的答案,主要用于对事物具有的多种可能性的判断。

一般情况下,多选式有以下三种类型。

(1)任意多选式题型。这种题型是对选择项的多少不加限制的题型。

(2)限选多选式题型。这种题型对所提问题只接受研究者所规定的一定数量的答案。当被访者给出的答案数超过规定答案数时,必须进行确认,以求答案数量在规定的数量之内。一般情况下,问卷上会注明选择答案数量的指导语。如"您主要通过哪些渠道了解村里的村务、财务管理情况? (最多选3项)①听村干部开会报告;②看村务、财务公开栏;③看发给村民的'明白纸';④听大喇叭广播;⑤听村务监督小组或民主理财小组介绍;⑥听村民代表或村民小组长介绍;⑦查账;⑧其他(请注明)"。

(3)多项排序式。这种方式是针对多项限选式的不足而推出的一种问题类型,在一定程度上可以看作多项单选式和多项限选式的结合。它一方面要求被调查者在所给出的多个答案中选择两个以上(但有限)的答案;另一方面又要求被调查者对他所选择的这些答案进行排序。例如:请问您认为阶层或阶级之间最大的差别在哪些方面?(选 3 项,并排序)企业领导人最重要的素质是什么?(请在答案中选择三项,并将选号按重要程度填入表 5-4 中),如①金钱/财富;②社会地位;③权力;④教育水平;⑤家庭出身;⑥职业;⑦生活方式;⑧消费水平;⑨住房。

表 5-4   差别表

差别最大的方面	差别第二大的方面	差别第三大的方面
最重要的素质	第二重要的素质	第三重要的素质

(三) 以选择备选答案的表达形式为标准,可将题型划分为填空式、矩阵式、表格式、相倚式四种题型

1. 填空式题型

填空式题型,是按问题指导语的要求,在指定的空间内填上文字或数字的题型。填写形式一般只用于那些对回答者来说既容易回答、又容易填写的问题,通常只需填写数字。它在必须直接获得被调查者的文字或数字信息时用。如:您的职业? _____。请问您选择职业时最看重的条件是什么?(请用文字列举最主要的三个条件)第一个条件:_____;第二个条件:_____;第三个条件:_____。

2. 矩阵式题型

矩阵式题型,是将同类的几组答案排列成一个矩阵,由被调查者对比着填答方式的题型。适用于同类问题,同类回答方式的一组定序问题。它有可同时对多个问题进行测试的优点。如:您在这一届村委会选举过程(表 5-5)中参与下列活动了吗?

矩阵式题型的另一个优点是节省问卷的篇幅,由于同类问题集中在一起,回答方式也相同,也节省了回答者阅读和填写的时间。要注意的是,一定要对这样的问题给出专门的填写说明或填答指导,以免有的回答者不会填写。

表 5-5   村委会选举过程表

序号	活动内容	经常参与	有时参与	偶尔参与	从未参与
A	参加选举会议或候选人情况介绍会	1	2	3	4
B	自己提名、推荐某人为候选人	1	2	3	4
C	动员别人参加会议	1	2	3	4
D	动员别人提名候选人	1	2	3	4
E	动员别人投某个候选人的票	1	2	3	4
F	劝别人不投某个候选人的票	1	2	3	4
G	对选举表示不满或提出批评	1	2	3	4
H	其他活动(请注明)_____	1	2	3	4

3. 表格式题型

表格式题型其实是矩阵式题型的一种变体,其特点和形式都与矩阵式题型十分相似。它具有简明、直观、规范的优点。

例如:你和知心好友一起从事下列活动的情况怎样?(请在表5-6中每一行合适的格中画√)

表 5-6 活动内容

活动内容	经常	有时	很少	从未有过
1.学习				
2.娱乐				
3.聊天				
4.运动				
5.旅游				

4. 相倚式题型

当同一问题需要不同调查对象根据不同情况填写时,必须在答案中设计出两种或两种以上的答案供不同调查对象填写,这种问题和答案构成的题型就是相倚式题型。它可以使本来要用几道题表达的具有紧密联系的问题,紧缩在一道题中表达。由于它表达的关系较复杂,不宜多用。必须用时,应用指导语交代清楚。常用方框或连线区别不同调查对象的不同答案。举例如下。

Q1:您村的村民小组长是怎样产生的? ①由本小组村民或户代表投票选举或推选产生的;②由村干部指定的;③其他方式产生的(请写明)_____;④根本没有村民小组长(跳至 Q3)。

Q2:您认为村民小组长的作用大吗? ①很大;②比较大;③有些作用;④没什么作用。

Q3:您觉得家族(宗族)、亲戚这些因素对村委会选举有影响吗? ①影响很大;②影响较大;③有一些影响;④没什么影响。

三、问题的数量和顺序

问题的数量和顺序也就是问卷的结构,它不但影响到回答者能否顺利回答问题,也影响到问题回答的结果,还影响到问卷的资料处理和分析。在安排问卷问题的数量和问题顺序过程中,一般有以下要求。

(一)问题的数量

一份问卷应该包含多少个问题没有固定的标准,这要依据调查的内容,样本的性质,分析的方法,拥有的人力、财力、时间等因素而定。一般来说,问题数量以被调查者在 20 分钟内完成为宜,最多也不要超过 30 分钟。问卷太长往往会引起回答者的厌倦情绪或畏难情绪,影响填答的质量和回收率。当然,若是研究的经费和人员相当充足,又能够采取结构式访问的方式进行,还能付给每位调查对象一份报酬或赠送一点纪念品,问卷本身的质量比较高,调查的内容又是调查者熟悉、关心、感兴趣的事物的话,问卷长一点也无妨。反之,如果调查的内容是调查对象不熟悉、不感兴趣的事物,采用的又是自填问卷的方式,研究者的经费还相当有限,除了两句感谢的话以外,不会给调查对象更多的报酬,只能占用被调查者的休息和娱乐时间,那么此时的问卷一定不能长,一定要尽可能简短。

（二）问题的顺序

问卷中问题的前后顺序及相互之间的联系,既会影响被调查者对问题的回答结果,又会影响调查的顺利进行。一般来说,安排问卷中问题的次序有以下准则需要注意。

（1）把简单易答的问题放在前面,把复杂难答的问题放在后面。问卷最开头的几个问题一定要相当简单,回答起来一定要非常容易。这样可以给回答者一种轻松、方便的感觉,以便于他们继续填答下去。如果一开始被调查者就感到填写得很费力、很难,就会影响他们的情绪和积极性。

（2）把能引起被调查者兴趣的问题放在前面,把容易引起他们紧张或产生顾虑的问题放在后面。如果开头的一些问题能够吸引被调查者的注意力,引起他们对填答问卷的兴趣,调查便可能顺利进行。相反,如果开头部分的问题比较敏感,一开始就触及人们的心灵深处,触及有关伦理、道德、政治态度、个人私生活等方面,往往很容易导致被调查者产生强烈的自我防卫心理。回答者的这种自我防卫心理将会引起他们对问卷调查的反感,有碍他们对调查的合作,妨碍调查的顺利进行。

（3）把被调查者熟悉的问题放在前面,把他们感到生疏的问题放在后面。这是因为:任何人对自己熟悉的事物都能谈些看法,说出些所以然来;而对不熟悉的事物,则往往难以开口,说不出什么来。如果以被调查者熟悉的内容开头,就不至于使调查一开始就卡住而无法进行。

（4）一般先问行为方面的问题,再问态度、意见、看法方面的问题。这是由于行为方面的问题涉及的只是客观的、具体的事实,往往比较容易回答。而态度、意见方面的问题则主要涉及回答者的主观因素,多为回答者思想上的东西,内心深处的东西,不易在陌生人面前表露的东西。如果一开始就问这方面的问题,常常会引起被调查者心理上的戒备和反感情绪,产生较高的拒答率。

（5）个人背景资料,一般放在结尾,有时也可以放在开头。这是因为:个人背景资料虽然也是事实性的,也十分容易回答,但由于它们是除回答者姓名以外的其他主要个人特征(比如年龄、性别、文化程度、婚姻状况、职业等),属于较敏感的内容,所以不宜放在开头,适合放在末尾。但另一方面,由于个人背景资料通常都是社会调查中最常用、最主要的自变量,如果一旦资料缺少这些内容,问卷实际上也就成了废卷。因此,只要调查的内容不涉及比较敏感的问题,并在封面信中作出较好的说明和解释,这一部分问题也可以放在问卷的开头。

（6）若有开放式问题则应放在问卷的最后。这是因为回答开放式问题比回答封闭式问题需要更多的思考和书写时间。无论把它放在问卷开头,还是放在问卷的中部,都会影响回答者填完问卷的信心和情绪。将它放在问卷的结尾处时,由于仅剩这一两个问题了,绝大多数回答者是能够完完整整地填答完的。即使被调查者不愿意填答开放式问题,放弃了回答,也不会影响到前面的问题和答案。

 **知识拓展**

社会调查中答案顺序对调查结果的影响
——来自一项大规模调查的经验证据

本文利用大规模调查的数据资料进行经验比较分析,结果表明:在"人们有规律的阅读方式"与问卷中"答案设计的不同顺序"二者之间,存在某种内在的、有规律的联系。换句话说,在自填式问卷调查中,对于同样的调查问题,如果答案排列的顺序不同,就有可能对被调查者的回答产生影响。从本研究所分析的各类问题来看,这种影响是普遍存在的现象,值得研究者重视。答案排列的顺序对被调查者的回答产生影响的基本规律是:对于客观性的事实问题、行为问题,答案的不同顺序对调查结果不具有明显影响;但对于主观性的认知问题、程度问题及评价问题,不同答案顺序与所得结果之间有明显的不同,特别是第一个答案的影响更为突出(即更容易被回答者选中)。

这一研究结果对社会研究中广泛运用的、以封闭式问题为主要形式的问卷调查提出了一定的挑战。同时,它也对调查研究者的问卷设计工作及对使用问卷收集资料的质量提出了更高要求。每一位问卷设计者、每一个运用社会调查方法收集资料、从事社会研究的人,都不能无视这一问题的存在。

现在的问题是:在实际调查中,我们可以采取什么样的办法来减小这种影响呢?笔者认为,为了消除不同答案顺序对调查结果的上述影响,研究者在设计调查问卷时,最好能为一套调查问题及答案设计多个不同的版本。在每一种版本的问卷中,所提出的问题、所给出的答案及问题的前后顺序等完全一样,只是问卷中一部分问题的答案排列顺序有所不同。这部分问题就是以询问被调查者对社会现象的认知、判断、评价及态度等为内容的主观性问题,包括各种量表。具体来说,对于这样一类问题的答案排列,笔者建议可采取下列两种方式进行操作。

一是采用随机化方法。比如,某个问题共有6个答案。我们先按任意顺序对答案进行排列,并将答案分别标记为①、②、③、④、⑤、⑥;然后,在6张相同的小纸条上分别写上①、②、③、④、⑤、⑥这6个不同的号码;再将6张小纸条折叠后放进一个纸盒中,设计者从中随机依次取出这6个号码。假设取出的号码的先后顺序是③、②、⑤、①、⑥、④,那么版本1中这一问题的答案排列顺序也就是③、②、⑤、①、⑥、④。然后,研究者再将小纸条放回盒子中,重新抽取一遍,并根据抽取的另一种号码顺序再次安排答案的前后顺序,作为第二个答案排列的版本。这样,就可以根据需要形成多种不同版本的答案安排顺序。

二是采用轮换的排列方式。上述方式虽然很好,但具体操作时不免有些麻烦。特别是到了统计分析阶段,需要对不同顺序的答案进行重新编码,这一工作十分烦琐且容易出错。作为一种替代的方式,问卷设计者可以采用轮换的排列方式进行。具体做法是:先以随机的方式列出第一种答案安排的版本,然后直接将答案排列的顺序进行轮换。比如,假设某个问题共有8个答案,设计者将它们随机分作四行排列。即第一行为答案①和答案②,第二行为答案③和答案④,第三行为答案⑤和答案⑥,第四行为答案⑦和答案⑧。以这种排列作为版本 1。然后,将第一行的答案放到最后一行(即放到第四行),而将第二行、第三行和第四行的答案依次提前作为第一行、第二行和第三行,并以这种排列作为版本 2。同样做法可形成版本 3 和版本 4。

最后,对于程度问题的答案,比如"非常熟悉、比较熟悉、一般、不太熟悉、很不熟悉"等,由于它们具有方向性,因而五个答案不能按上面的方法随意调整位置。为了消除这种答案顺序的影响,设计者可采取将一个版本的答案按正向排列,而另一个版本的答案按反向排列的方法进行设计。由于两种排列顺序的影响可以相互抵消,从而达到最终消除单一排列顺序对回答结果影响的效果。

(资料来源:风笑天. 社会调查中答案顺序对调查结果的影响:来自一项大规模调查的经验证据[J].华中师范大学学报,2008,47(2).)

项目能力训练

(1) 下列题型设计得不妥,请改正。

① 请问您的家庭属于( )。

    A. 核心家庭   B. 主干家庭   C. 单亲家庭   D. 联合家庭

② 有人说,以前青年人对老年人很尊重,现在青年人越来越不尊重老年人了。您认为这种变化发展( )。

    A. 太快了   B. 比较快   C. 比较慢   D. 太慢了

③ 请问您家有( )育龄妇女。

    A. 一位   B. 两位以上   C. 没有

④ 您的家人是否支持您在闲暇时参加社会公益活动?( )

    A. 是   B. 否

⑤ 您所在社区的老年人对社区的服务水平是否满意?( )

    A. 是   B. 否

⑥ 您认为全国职工平均工资水平是否应当提高?( )

    A. 工资偏低,应当大幅度提高

    B. 应当小幅度增加

    C. 虽然偏低,但为了国家经济建设,可以暂不增加

    D. 和劳动生产率相比,工资不算低,不应该增加

⑦ 有人认为,物价改革的结果最终将有利于国家的繁荣。您的看法是( )。

    A. 同意   B. 不同意   C. 不知道

⑧ 大多数老年人认为两个月举行一次健康义诊活动太少,您认为( )。

    A. 同意   B. 不同意   C. 无所谓

(2) 下列问题是从一些实际调查所用的问卷中收集的,它们分别存在哪些不妥当的地方? 请指出并进行修改。注意,有的问题中不妥的地方不止一处。

① 你的年龄是( )。

    A. 20 岁以下   B. 20～30 岁   C. 30～40 岁   D. 40 岁以上

② 你在这个地区居住了 _____ 年。

③ 在你成长的过程中,你和(　　)生活在一起。

　　A. 双亲　　　　　B. 仅仅母亲　　　C. 仅仅父亲　　　　D. 其他人

④ 你的父母(　　)大学。

　　A. 上过　　　　　B. 没上过

⑤ 你熟悉你的邻居或者你的邻居熟悉你吗?(　　　)

　　A. 是的　　　　　B. 不是的

⑥ 看了《卧虎藏龙》《功夫》等武术片后,是否提高了你对中国武术的兴趣?(　　　)

　　A. 提高了很多　　B. 提高了一点　　C. 没有提高　　　　D. 更反感了

⑦ 你和同学、好朋友谈论得较多的问题是(　　　)

　　A. 国家大事和社会问题　　　　　　　B. 升学、就业和前途问题

　　C. 各种奇闻趣事

⑧ 你不认为那些遇到麻烦的人应该受到同情吗?(　　　)

　　A. 是的　　　　　B. 不是的

(3)"以城市流动儿童的社会适应"为研究主题,设计一份调查问卷,要求对适应性的测量至少包括 15 个问题,其中封闭性问题不少于 12 个。

🍁 项目综合训练

　　下面是调查问卷的设计框架,对照项目三中"任务一——调查课题操作化",运用本项目所学的知识,进行 1～2 次小组讨论,设计一份调查问卷初稿,然后进行一次试调查,最后完善问卷。

　　扫描二维码下载项目综合实训内容表 5-7,可结合实际调整内容和格式。

表 5-7　问卷设计的框架

调查问卷的题目	
封面信	
问卷主体	问卷题目(指导语)
一、筛选题项	
二、样本背景信息题项	
三、样本特征信息题项	
四、样本基本现状题项	
五、样本基本态度题项	
六、其他题项	

问卷设计的框架

项目六

调查材料的收集与整理

项目描述

本项目要求学生通过对各种调查资料收集方法的优点、缺点、适用范围及对调查资料收集的监控方法等相关知识的学习,掌握并能熟练运用不同方法,发放和填答问卷,能进行调查质量监控。通过对调查的原始资料的审核、复查、数据有效范围和逻辑一致性清查等的学习,掌握调查资料审核、复查和清理数据的方法。通过学习和训练,培养认真负责、细致耐心、科学严谨的工作态度。

任务一　选择材料收集方法

任务目标

(1) 学习和理解不同发放和填答问卷方法的优点、缺点和适用范围。

(2) 掌握提问及与被调查者进行良好沟通和有效互动的方法。

(3) 通过训练,能熟练运用不同方法发放和填答问卷,并能监控调查质量。

任务描述

×街道辖区内的 17 个社区多为老旧小区,社区服务和环境比新型社区落后,社区内多为单位分房,居民多为退休人员,老年居民比例远远超过了其他类型的社区。为了解街道辖区内的老年人现状,更好地为老旧小区内的老年人提供更合理和有效的帮助,社工机构利用问卷和访谈的形式对社区老年人进行调查研究。工作人员设计了"×街道老年人生活状况调查问卷(社区居民篇)"和"×街道老年人生活状况调查问卷(社区工作人员篇)",准备发放至辖区内 17 个社区中。该如何恰当地选择问卷发放与填答方法呢?

任务指导

由于每一项调查的目的、对象、内容及规模、难易度不同,实施问卷调查所采取的方法必然是多种多样的。即使同一项调查,由于不同阶段、不同类型的调查目的和调查对象各有特点,有时必须同时采用不同的发放问卷和填答问卷的方法。以上任务中,社工机构从实际出发采用几种方法来开展调查研究。

（1）由于调查对象多为 60 岁以上的老人，问卷的发放与填答方式可先排除网络问卷的发放与填答方法。

（2）选择个别发送填答问卷法。这是该调查项目"×街道老年人生活状况调查问卷（社区工作人员篇）"实施调查时采用的主要方法。其做法是：调查人员根据社区地址，逐一登门将事先印制好的问卷发放到社区工作人员手中，在调查人员指导下现场作答并收回；或让调查人员将问卷留下，并约定时间后登门取回。

（3）选择集中填答法。对"×街道老年人生活状况调查问卷（社区居民篇）"，可依据具体情况，采用集中填答法发放和填答问卷。办法是调查人员和各社区居委会负责人进行沟通，取得他们的理解、支持和帮助，通过统一组织，将本社区的调查对象集中起来，可集中在会议室、社区活动中心等既方便填答问卷，又不受外界干扰的地方。随后，调查人员将问卷发放给每位被调查者，同时要对此次调查的目的、意义、要求等统一进行介绍，由调查对象当场填答问卷，调查人员可解答被调查者提出的疑问，问卷填答完毕之后，现场将问卷收回。

（4）选择当面访问。当面访问的方法与自填问卷法中的个别发送法最接近。不同的是，个别发送法中调查人员只需向被调查者稍作解释，并将问卷送交给被调查者即可，至于问卷的填答工作，则完全是被调查者的事。在当面访问中，调查人员则要亲自依据问卷向被调查者提问，并亲自记录被调查者的答案。在该任务中由于部分老人行动不便或由于视力、理解能力或识字水平等原因，需要当面访问，由调查人员代为填答。在访问中，调查人员应严格按照问卷中问题的顺序来提问，也不能随意对问题做出解释，答案的记录也完全按问卷的要求和规定进行。

必备知识和技能

一、问卷的发放与填答方式

在调查研究中，问卷的发放与填答方式主要有两种基本类型：一是自填问卷法；二是结构访问法。这两个大的类别，又根据具体实施方法的不同，进一步划分出不同的子类型。比如，自填问卷法又可分为个别发送法、集中填答法和邮寄填答法；结构访问法又可分为当面访问法与电话、网络访问法等。

每一种具体的资料收集方法在操作程序上互不相同，分别具有不同的特点，同时也适用于不同的调查对象和不同的调查课题。一个调查研究人员应该对各种不同的资料收集方法都十分熟悉和了解，以便在进行一项具体的调查课题时，能根据实际情况灵活运用，达到最好的调查效果。

（一）自填问卷法

自填问卷法是指调查人员将问卷通过各种方式直接发送给被调查者，由被调查者自己阅读和填答后，交调查人员收回的调查方法。与代填问卷法相比，这种方法更实用。它的优点是节省时间、经费和人力，具有很好的匿名性，可避免访问人的干扰；缺点是回收率难以保证,因对被调查者的文化水平有一定要求而适用范围受到限制,调查质量有时难以保证。自填问卷法又有以下四种发送问卷的方法。

1. 个别发送法

个别发送法指调查人员依据所抽取的样本,将问卷逐个发放到被调查者手中,由被调查者根据要求填答,并当场或按约定方式收回的方法。个别发送法的优点是调查人员和被调查者有相互沟通时间,被调查者有较充分的时间进行思考,这有利于提高问卷的回收率和问卷填答质量。但是由于需要调查人员一一面对每个被调查者,因此要花费较大的人力、物力和时间。随着互联网技术的发展,智能手机和各种应用 App 的普及,调查人员有了更多的发送问卷的方法。通过微信小程序,通过问卷星等方法发送电子问卷,实际上也是个别发送的一种形式。

2. 邮寄填答法

邮寄填答法指调查者通过邮局将问卷寄给被调查者填答后,再通过邮局将问卷回收的方法。这无疑是一种最方便的方法,省时、省力、省钱,且调查规模大、范围广,不受地域限制,被调查者也有充分的时间来考虑。但它的缺点也很突出,就是回收率难以保证。

3. 集中填答法

集中填答法指通过各种方法将被调查者集中起来,每人发放一份问卷,然后由调查者统一讲清填写要求与方法,请被调查者当场填写,由调查人员当场收回的方法。这种方法也是一种省时、省事的方法,并且收回率高,也有利于提高填写问卷的质量。但它只适用于某些学校、企事业单位以学生或职工为被调查对象的情况,并且一般必须先征得单位领导的认可和支持。因此,这是很多社会调查难以采用的方法。另外,将众多调查者集中,有时会形成一种"团体压力",不利于个人表达特定看法。

4. 网络调查法

网络调查法指研究者利用互联网向特定对象发送调查问卷,同时也通过互联网将被调查者填答好的问卷收回。常见的网络调查是研究者在确定好调查总体,抽取完调查样本,收集好被调查者的电子邮箱地址或微信、QQ 等联系方式后,直接将调查问卷用电子邮件发送给被调查对象,或将调查链接通过微信、QQ 等方式发送给被调查者,被调查者只要单击链接即可填写问卷。填答完毕后,通过电子方式发回给调查者。直接在链接的调查网站填写的问卷可直接形成数据库文件。由于这种方式是建立在严格的随机抽样基础上形成的样本和调查对象,因此,在问卷回收率得到保证的前提下,其调查效果也与其他方法一样。

网络调查的不足主要体现在调查对象的范围有一定的局限性,即它只能调查那些经常上网,会使用智能手机的调查对象,否则很难利用网络调查的方法去收集资料。

(二)结构访问法

结构访问法是以访问形式进行访谈后,由访问者严格按被访者的答案,代被访者填写问卷的方法。之所以称为结构访问法,是因为这种访问是严格按问卷的内容结构进行的访问,不同于一般的访问。结构访问法分为当面访问法和电话、网络访问代填问卷法。

1. 当面访问法

当面访问法的基本做法是:研究者先选择和培训一组访问人员,由这组访问人员携带调查问卷分赴各个调查地点,按照调查方案和调查计划的要求,与所选择的被调查者进行访问和交谈,并按照问卷的格式和要求记录被调查者的各种答案。在访问中,调查人员严格依据调查问卷提出问题,并严格按照问卷中问题的顺序来提问,调查人员不能随意改变问题的顺序和提法,也不能随意对问题作出解释。答案的记录也完全按问卷的要求和规定进行。

当面访问法是一种以口头语言为中介、调查者与被调查者面对面交流和互动的过程。调查者与被调查者之间直接的相互作用和相互影响,贯穿资料收集过程的始终,相对于自填问卷法主要依靠问卷的特征,当面访问法则主要依靠访问人员。正是由于这种差别,使这种方法具有许多不同于自填问卷法的特点。

2. 电话、网络访问代填问卷法

电话、网络访问代填问卷法指调查人员通过打电话的方式与被调查者联系,在电话中对被调查者进行询问,根据被调查者的答复由调查人员代填问卷的方法。电话调查的主要优点是简便易行、省时、省钱,特别是对内容比较简单的调查,电话访问的效果更好。当被调查者是某些专业人员时,电话访问也往往更合适。因为一般情况下,这些人常常不太愿意别人登门打扰,而对于一个 10 分钟的电话访问,也许会较好地合作。此外,从专门的电话调查工作室打电话还有一个很大的优点,那就是十分便于对调查人员进行监督和控制,使电话访问的质量比当面访问更容易得到保证。

目前,随着网络技术的发展,访问代填问卷法不再以电话为主要方式,而是选择利用计算机、智能手机等辅助设备进行个人访问和代填问卷。

二、实施资料收集的要领

资料收集是社会调查中实践性、操作性很强的一个阶段。无论是自填式问卷法还是结构访问法,在具体的操作过程中,研究者都需要对一些基本技巧熟悉和掌握,才能顺利与陌生的被调查者进行沟通,取得被调查者的配合,并从被调查者那里获取充分的信息。资料收集的步骤如下。

（一）联系被调查者

调查的实施要求调查人员同样本中的每一位被调查者都建立暂时的联系。如何顺利地使调查人员被调查对象接受,是每一项调查研究都必须面对和解决的问题。

1. 通过正式机构联系被调查者

一些大型调查研究,联系被调查者很困难。研究者如果有条件取得某个政府机构或有关部门的认可,通过其从上到下的组织系统来联系和接触被调查对象,调查工作就会十分顺利。

2. 通过直接管理部门联系被调查者

在一些区域性的调查中,取得当地某些部门的许可和帮助,能让调查工作事半功倍。比如,假定我们希望对城市低保群体的生活状况进行调查,但却无法取得市级部门的支持。此时,我们可以直接到所抽取的调查对象所在的街道或社区进行联系。只要街道或社区的负责人积极支持和配合,调查工作就会顺利很多。

3. 直接与被调查者联系

非概率抽样的调查对象常常需要调查者直接联系。需要注意的是:一是要求调查人员带有所在机构(比如大学、研究所)的证件和介绍信,让被调查者了解调查人员的身份和单位性质;二是调查人员在态度上应自然、平和、礼貌、友善;三是要注意联系的合适时间,比如不要在晚上,不要在学校考试之前,不要在人们吃饭的时间等。

(二)与被调查者的互动

1. 理解被调查者的心理

首先,要分析和理解被调查者的心理,对可能影响他们填写问卷的各种阻碍因素一一进行排查,并设计和构想破解各种阻力的办法。每位研究者或调查人员没有为自己工作的需要而占用别人休息或娱乐时间的权利,任何一个具体的调查对象也没有以牺牲个人的工作、学习、休息和娱乐时间来接受研究者的调查,向研究者提供各种情况的义务。所以,在实际调查过程中,研究者可以通过多种途径使被调查者在接受调查的同时获得相应的补偿,补偿可以是物质的赠予,也可以是精神的赞许。

其次,要尽量缩小与被调查者之间的心理距离,使被调查者解除各种顾虑,使他们回答问题或填写问卷更准确、客观、全面。比如在开场白中通过向被调查者说明"您是这方面最有发言权的人""您的回答没有对错之分""您的信息将被严格保密",等等。

2. 给被调查者良好的第一印象

与被调查者直接接触时,调查人员给被调查者的第一印象十分重要。第一印象的好坏,在一定程度上决定了被调查者是否愿意接受调查,是否愿意耐心细致地对调查问题进行回答。一般来说,研究者树立良好的第一印象要注意以下几个方面:一是外表,如穿着既要整洁大方,又不要太引人注目。二是态度,即要处处体现出礼貌、诚恳、踏实的态度。三是语言,语言首先要有诚意,如见面即说"对不起,打扰您了";有时还要根据情况对被调查者表达敬重之意,如说"您作为居民代表,是这方面最有发言权的人""您是最熟悉这方面工作的人";等等。必要时还可简要说明调查项目与被调查者的关系,尽量解除被调查者的心理障碍。这些话虽然不是正题,却能增进亲和力,有利于与被调查者建立起轻松、融洽的互动关系。

3. 善于提问和互动

当建立了一定的互信关系后,应及时引入正题。要根据情况,从实际出发,掌握提问的内容和方法。当气氛已相当和谐时,不妨开门见山地按问卷内容逐题询问,并及时做好记录。当气氛还没有达到融洽时,应先以交谈方式询问被调查者较熟悉、较感兴趣的问题,而不要刻板地按问卷试题排列顺序逐一询问。提问速度开始也应慢一些。在提问时要做到:一是语言简洁,不暗示和引导答案;二是内容清晰,不产生歧义;三要轻松愉快,气氛融洽。

调查人员要主动控制交谈过程,当话题偏离时,要善于转移话题,回到正题。调查人员的目光要直接与被调查者交流,不要只顾记录,不看被调查者;专心倾听会给被调查者一种正式感、尊重感和价值感。

(三)调查的质量监控

在实施问卷调查的全过程中,要对问卷调查的质量进行实时监控。在调查的实施过程中,调查人员除了严格按照调查计划的要求和调查进展开展调查工作外,还必须对这一过程中各个方面的工作进行全面、及时的把握。

首先,调查人员必须实地参与调查问卷的填写工作,发现问题要及时指导和纠正;其次,调查人员如果发现问题,要向上级反映,及时解决;最后,调查人员要定期或不定期召开会议,检查、交流实施问卷调查的情况与问题。三是问卷回收后,要及时整理,并在现场进行初步审查,如果发现不合格的问卷,应及时核实,及时补救。

审查问卷时要注意以下几个问题:第一,调查对象的选择是否符合原设计要求;第二,调查指标的理解及操作是否恰当;第三,填写的事实、数据是否真实、可靠;第四,是否有漏填、错填和填写内容书写不清等问题。

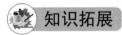 **知识拓展**

网络调查实例

我国是结核病高负担国家,2019 年结核病新发病患者数约 83.3 万例,位居全球第三位。2015 年我国公众结核病核心知识知晓率为 74.45%,北京市公众结核病核心知识知晓率为 75%。《"健康中国 2030"规划纲要》要求各级各类媒体加大健康科学知识的宣传力度,积极建设和规范各类广播电视等健康栏目,利用新媒体拓展健康教育。为了解北京市公众结核病防治知识知晓情况及获取途径,为今后精准开展结核病防治知识健康教育提供依据,本研究于 2020 年 3 月 23 日—4 月 23 日通过"北京结核病防治"微信公众号开展了网络问卷调查。

1. 对象与方法

(1) 对象为现住址为北京地区的公众,年龄 15~80 岁,能通过手机微信回答并提交问卷者。

(2) 问卷内容参考既往研究并咨询相关专家设计调查问卷。主要内容包括人口社会学特征(性别、年龄、文化程度等),含 5 条核心信息在内的 11 个问题(结核病的危害及传播途径、肺结核的可疑症状及就诊意识、肺结核诊疗的惠民政策、治疗结局和预防控制措施等),获取相关知识的途径及期望途径 3 个问题。

(3) 统计学方法采用 SPSS19.0 软件统计分析,卡方检验比较各组结核病知识知晓率的差异。

(4) 质量控制正式调查前先进行预调查,测试问卷完成时长至少需 50s,之后对调查问卷加以修改完善。设定一个微信账户只能答题一次,全部题目均答完方可提交问卷。

(5) 相关定义总知晓率=调查对象正确回答信息条目数÷(调查人数×信息条数)×100%;单一信息知晓率=正确回答某单一信息的人数÷调查人数×100%;全部知晓率=全部正确回答所有信息的人数÷调查人数×100%。

2. 结果

基本情况:共收到调查问卷 87065 份,剔除现住址非北京的问卷 14342 份,剔除答题时长少于预调查最低时长 50s 的问卷 27607 份,依据以往结核病防治知识知晓率调查年龄段,将年龄 15~80 岁的调查对象问卷纳入分析,共获得有效问卷 43304 份。

(资料来源:许琰,等. 北京市公众结核病防治知识知晓情况网络调查分析[J]. 首都公共卫生,2022,16(2).)

任务二 调查资料的处理

✈ 任务目标

（1）掌握原始资料审核的方法。
（2）掌握原始资料复查的方法。
（3）能熟练运用不同的数据录入和建立数据资料的方法。
（4）能熟练掌握数据清理的方法。

📖 任务描述

为了解街道辖区内的老年人现状，更好地为老旧小区内的老年人提供更合理和有效的帮助，社工机构利用问卷和访谈的形式对社区老年人进行调查研究。在调研工作中，研究者将"×区×街道老年人生活状况调查问卷（社区居民篇）"和"×区×街道老年人生活状况调查问卷（社区工作人员篇）"发放至辖区内 17 个社区中，分配志愿者、实习生走进社区，与老年人面对面进行访谈和调研。社区工作人员问卷收回有效问卷 15 份，社区居民问卷收回有效问卷 537 份。接下来该如何进行数据处理呢？

📚 任务指导

调查资料的处理分为以下几个步骤。

（1）资料审核。研究者对所收集的问卷进行初步审阅，校正错填、误填的答案，剔除乱填、空白和严重缺答的废卷。目的是使原始资料具有较好的准确性、完整性和真实性，从而为后续资料整理录入与统计分析打下较好的基础。

（2）建立数据文件。选择一种软件建立数据文件。现在常使用的软件是 Excel 和 SPSS。研究者可以通过软件直接录入数据。

（3）数据文件清理。为了避免数据录入出现差错，在开始使用计算机软件分析数据之前，应该进行数据的清理工作。常用的数据清理有：有效范围清理、判断清理和逻辑清理。

（4）数据管理与转换。原始数据往往不能直接用于最终的统计分析。因为不同的统计软件对数据文件结构的要求不尽相同，需要结合不同软件的要求对数据文件的结构进行重新调整或转换。而且同一个数据往往要从各种不同的侧面进行研究，这就需要对原始数据进行数据管理与转换。常用的管理与转换有数据排序、数据拆分与合并、计算新变量、变量转换和数据重新编码等。

🗄 必备知识和技能

一、原始资料的审核和复查

调查资料收集工作完成以后，接下来就要对这些实际调查得来的原始资料（主要是答卷)进行审核和复查,以便研究者发现并纠正原始资料中存在的错误,剔除那些无法充分调查,但又有明显错误的问卷,了解与衡量整个资料收集工作的质量。

(一)原始资料的审核

原始资料的审核主要有两种方法:一种是实地审核;另一种是集中审核。

1. 实地审核

实地审核是指资料审核工作与实地调查工作同时进行,在完成问卷调查之后离开调查所在地之前,就对已经填写好的问卷进行现场审核。这种审核的优点在于:由于审核工作是紧接着调查工作之后进行的,调查人员还没有离开调查现场,发现问题可以及时纠正,如果有漏答的情况,返回去追问,成功的可能性也比较高。如果是访问问卷,调查人员还可以根据当时访问的真实情境对问卷中的问题进行纠错或补填,比如"性别"这一项上缺答,调查人员就可以根据自己的回忆及时补填上。因此,实地审核有利于提高调查资料的质量,而且当调查资料的收集工作全部完成时,资料的审核工作也随即完成了。实地审核的不足之处是:实地审核会在一定程度上影响资料收集工作的进度,延长实地调查的时间。

2. 集中审核

集中审核也称为系统审核,先将资料全部收回,然后集中时间进行审核。实地审核的长处是特别及时,且效果较好;其困难是资料收集工作的组织和安排要特别仔细,调查人员个人处理各种情况的能力要比较强。系统审核的好处是资料收集工作便于统一组织安排和管理,审核工作也可以统一在研究者的指导下进行,审核的标准比较一致,检查的质量也相对好一些。集中审核的不足之处是对审核中发现的问题,很多时候会没有办法补救。因为审核时间与调查时间相隔相对较长,而且调查人员访问了很多份问卷以后,很难回忆某份问卷调查时的情境,对被调查者的重新访问工作也可能因时间相隔较长或调查地点较远而无法落实。

(二)原始资料的复查

为了确保调查资料的真实性、准确性,除了要对原始资料进行审核外,通常还要进行复查。所谓原始资料的复查,指的是研究者在调查资料收回后,由其他人对所调查的样本中的一部分个案进行第二次调查,以检查和核实第一次调查的质量。在大型调查中往往需要招聘调查人员进行调查,调查人员工作的真实性和质量,可以通过这一步骤进行监督和检验。当然,在有些调查中基于这一目的的复查工作则可以不做。

原始资料复查的基本做法是:由研究者自己或者由研究者重新选择另外的调查人员,从原来的调查人员调查过的样本中,随机抽取5%～15%的个案重新调查。一方面核实原来的调查人员是否真的对个案进行过调查(有的调查人员会由于各种原因自编自填问卷答案,而实际并没有发送给被调查者或访问被调查者),另一方面可将两次调查的结果进行对比,以检查第一次调查的质量。

需要说明的是,并非所有的调查都能十分方便地进行如上所述的复查。这是因为,复查必须依据第一次调查结果所提供的被调查者的姓名、地址等信息才能进行。对一些缺少上述信息的调查样本来说,要进行复查往往是比较困难的。但作为研究者,在对调查方案、抽样方案及资料收集方法进行设计时,就要考虑到复查的问题,有意识地创造一些可以进行一定程度复查的条件。比如对大学生择业倾向作调查,可先抽好学校、系或年级,调查时,只由调查人员从系或年级中抽取某一个班的学生作为对象进行调查。这样,研究者只要每个调查人员提供所抽取的班级名称,就可对调查情况进行复查了。

通过审核和复查,研究者可以发现并纠正原始资料中存在的一些错误,可以剔除一些无法进行再调查但又有明显错误的问卷,还可以普遍了解整个资料收集工作的质量,从而对资料的真实性和准确性具有更大的信心。

二、建立数据文件

对问卷资料编码后,问卷中的大多数信息都将转化为数字代码,接着就要将这些数字代码录入计算机。目前,将数据输入计算机进行资料整理和统计分析的软件有 SPSS、SAS、Excel 等,但使用最广泛的软件是 SPSS。

在 SPSS 中直接输入比较直观。打开 SPSS 后,显示的就是数据录入窗口的数据视图,其形式是一张表格(见图 6-1),每一纵栏表示一个变量,每一横行代表一个个案。输入前需要定义变量,做法是先用鼠标单击表下面的变量视图,进入变量定义窗口(见图 6-2,此时左边纵栏的序号 1,2,3,…表示的是问卷中的每一个变量,而横行上面分别为变量名、变量类型、变量宽度、小数点位数、变量标签、变量取值、缺损值等)。将问卷中的变量逐个定义,然后存盘。再用鼠标单击表下方的数据窗口,这时就可以从第一行开始直接将每个个案的数据逐行逐个地敲入方格中保存,然后就可以随时调用分析了。

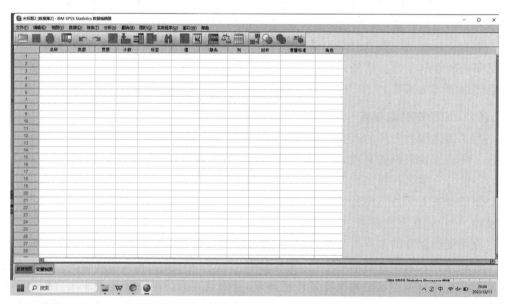

图 6-1　数据视图

这种直接输入有时候很容易出错,而且输入的时候也不容易发现错误。可以通过 Foxpro 或 Excel 等专门的数据库管理软件来建立数据库。录入数据之后,使用 SPSS 统计分析软件可以直接将其转换成后缀为". sav"的数据文件,用于后续的统计分析。

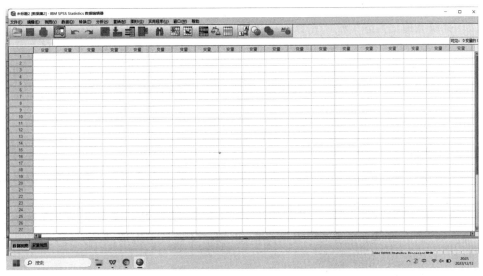

图 6-2　变量视图

三、数据文件清理

数据录入后,在统计分析前,还有一项重要工作,就是利用计算机的有关功能,对录入的数据进行清理,不让错误数据进入分析过程。一般有以下清理方法。

1. 有效范围清理

对问卷中的任何一个变量来说,它的有效编码值往往有一个范围,当数据中的数字超出这一范围时,可以肯定这个数字一定是错误的。比如,如果在数据文件的"性别"这一栏中,出现了数字 3 或者数字 4、5 等,我们马上可以肯定这是错误的编码值。因为我们在编码的过程中,性别这一变量的有效编码值为 1、2,缺失值为空白。当我们发现频数分布表(表 6-1)中变量的取值出现了超出了有效编码值的范围时,可以通过 SPSS 软件快速定位出哪个个案出现了错误,这时翻看原始问卷就可以知道是什么原因造成的错误。

表 6-1　频数分布表

		频率	百分比	有效百分比	累积百分比
	男	249	44.0	44.5	44.5
	女	308	54.4	55.0	99.5
有效	3	1	2	2	99.6
	4	1	2	2	99.8
	5	1	2	2	100.0
	合计	560	98.9	100.0	
缺失	系统	6	1.1		
合计		566	100.0		

您的性别

2. 逻辑清理

逻辑清理的基本思路是依据问卷中的问题存在的某种内在的逻辑关系,检查前后数据之间的合理性,以确定数据是否真实,即被调查者是否认真、如实地填答问卷。如果被调查者的答案不符合逻辑,就说明数据有问题,要么是编码、录入环节有错误,要么就是被调查者没有认真、如实填写问卷。

如问卷中有一对相倚问题,其中过滤性问题是:"你的婚姻状况? a. 已婚;b. 未婚 c. 离婚;d. 丧偶。"后续性问题是:"你的孩子今年多大?"如果前一问题的回答为"b",则后一问题中的回答应该是空白(即为缺省值,用 0 表示),即不需要回答。如果统计中出现了数字,那就说明这些数字有问题。

要查找和清理逻辑性问题的个案,可以在 SPSS 软件中,执行条件选择个案命令中的"IF"命令,将所有不符合要求的个案挑出来,再按前述有效范围清理的方法,找到原始问卷进行核对,对其做相应的处理。

逻辑清理还可以采用 SPSS 中变量值转换的命令进行。可以采用重新编码为相同变量命令对变量的取值进行转换。用这个命令的好处在于可以把需要修改的变量一次性修改完毕,这就要求研究者运用这一命令时,确定符合条件的变量都是需要修改的,在输入的时候不是因为前面的过滤性问题而产生的错误。

逻辑清理根据问卷调查中各问题的逻辑关系和情况不同,研究者要具体问题具体分析,不能一概而论,要根据其内在的逻辑关系进行清理。

3. 数据质量抽查

用上述两种方法对数据进行清理后,仍可能存在一些错误没有清理出来。假设某个案的数据在"性别"这一变量上输错了,问卷调查上填的答案是 1(男性),编码值也是 1,但是数据录入时却错录成了 2(女性)。因为 2 这个答案在正常有效的编码值范围内,因此,有效范围的清理检查不出这一错误,也不可能通过逻辑一致性进行清理,更不可能拿着问卷一份份地核对,这时人们通常采用的方式是数据质量的抽查。

数据质量抽查,是从样本的全部个案中,抽取一部分个案,对这些个案参照原始问卷逐一校对。用这一部分个案校对的结果来估计和评价全部数据的质量。根据样本中个案数目的多少,以及每份问卷中变量数和总数据的多少,研究者往往抽取 2%~5% 的个案进行校对。如一项调查样本的规模为 1000 个个案,一份问卷的数据个数为 100,研究者从中随机抽取 3% 的个案,也即 30 份问卷进行核查,结果发现 1 个数据输入错误。这样,$1÷(100×30)=0.033\%$,说明数据的错误率在 0.033% 左右,在总共 10 万个数据中,大约有 33 个错误。通过将其找出修改,可以知道错误数据所占的比例、对调查结果有多大的影响,了解数据的质量。

四、数据管理与转换

文件建好之后,还需要对数据进行必要的加工处理。对同一个数据往往要从各种不同的侧面进行研究,采取多种统计方法进行分析。不同的统计方法对数据文件结构的要求不尽相同,需要对数据文件的结构重新进行调整或转换,以便适合于相应的统计方法,这项工作称为数据管理。数据管理直接关系到数据分析的结果,是统计分析工作中不可缺少的关键步骤。

以 SPSS 为例,介绍数据管理方面的一些基本功能。在 SPSS 中,数据文件的管理功能基本上都集中在"转换"和"数据"菜单上,其中前者主要实现变量级别的数据管理,如计算新变量、变量取值重编码等,后者的功能主要是实现文件级别的数据管理,如变量排序、文件合并、拆分等。

1. 数据管理

在数据管理中会遇到许多数据管理操作,如变量排序、文件合并、拆分等。在 SPSS 中,这些功能基本上都被集中在"数据"菜单中(图 6-3)。根据各自的功能特点,该菜单中的所有项目可分为以下几类。

(1) 简单命令,包括插入变量、插入个案、到达某个案、复制数据集等,它们的功能不言自明,且大多都可以使用鼠标在数据表界面上直接使用,很少使用菜单来调用。

(2) 常用的简单过程,包括排序、拆分文件、个案筛选和个案加权,这几个过程并不复杂,但使用得极为频繁。

(3) 数据重组向导,用于进行数据转置,或者对重复测量数据进行长型、宽型记录格式间的转换。

(4) 文件合并向导,将几个数据文件合并为一个大的 SPSS 数据文件,含横向合并和纵向合并两种情况。

2. 数据转换

"转换"菜单中提供了较多的变量转换功能(图 6-4),该菜单中的项目最常用的有两大类。

图 6-3　数据管理

图 6-4　数据转换

(1) 计算新变量,是菜单最上方的"计算变量"过程,这是该菜单中最常用和最重要的过程。

(2) 变量转换,包括从菜单第 2 项开始的多个计数过程、重编码过程和离散化过程,它们实际上都可以被看成是"计算变量"过程某一方面功能的强化和打包。

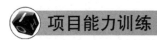 **项目能力训练**

（1）根据下列社会调查课题确定的目的及调查对象，选择不同的问卷发放和填答方法。

① 课题"大学生消费状况调查"，目的是了解和把握当前大学生的消费特点、心理及消费行为导向。拟采用问卷调查方法，在全国高校中选择有代表性的重点高校、普通高校及民办高校三种类型高校 10 所，对这些高校按学院或年级进行分层抽样，然后对 2000 名学生样本实施问卷的发放和填答。

应选择的问卷发放和填答的方法是_____

② "××市 2022 年重点人群防病知识情况调查"课题的目的是：了解××市重点人群对基本卫生防病知识的掌握情况，为制定进一步提高市民防病知识水平和保障市民健康工作决策提供依据。拟随机抽取 15 岁以下本市在校学生 200 名、15～65 岁本市城乡常住人口 200 名、企业职工及农民工 200 名，共 600 名市民为调查对象。

应选择的问卷发放和填答的方法是_____

（2）"××市 2022 年城市疏解整治工作满意度调查"课题，要对本市在校大学生、社区居民、城市务工人员进行调查，请您根据三类不同对象设计三种开展问卷调查的"开场白"。

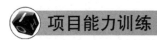 **项目综合训练**

下面是资料收集与处理过程工作的几项主要工作内容，结合本学期社会调查的实际情况，将要点填入调查情况表中。

扫描二维码下载项目综合实训内容（表 6-2），可结合实际调整内容和格式。

表 6-2　调查情况表

资料收集与处理		
分　　工	负责人	完成情况
问卷发放方法		
问卷填答方法		
调查质量监控方案		
数据的录入		
数据清理		
数据管理和转换		

项目综合实训
参考模板

项目七

调查数据的统计与分析

📖 项目描述

本项目要求学生理解变量描述的基本知识，理解统计推论和假设检验的基本方法，掌握交互分析、相关分析的基本方法。较熟练地运用 SPSS 软件做频数、频率分析，求集中量数、离散量数；进行假设检验、双变量的相关分析。通过学习和训练，培养学生进行调查数据统计分析的能力；培养认真负责、细心耐心、科学严谨的工作态度。

任务一　调查数据的描述分析与统计推断

✈ 任务目标

（1）了解数据统计分析的意义和作用。

（2）掌握分类变量的统计描述基本方法。

（3）掌握连续变量的统计描述和参数估计的基本方法。

（4）运用 SPSS 软件进行单变量描述统计和双变量统计分析。

📋 任务描述

某社工机构在进行题为"×区×街道老年人生活状况调查问卷（社区居民篇）"的调研后，共回收社区居民有效问卷 537 份。通过 SPSS 软件录入数据并进行数据清理和转换后，该如何通过分析获取数据基本信息？

📚 任务指导

问卷调查的主要目的是了解街道辖区内的老年人生活现状，通过 SPSS 软件可以完成以下分析。以 SPSS 在单变量描述统计中的运用为例。

1. 利用 SPSS 生成频数分布和频率分布表

在"×区×街道老年人生活状况调查问卷（社区居民篇）"SPSS 数据文件中，"性别、居住状况、婚姻状况"等变量都属于分类变量，适合做频数分布和频率分布表。

操作步骤如下。

（1）依次单击"分析"—"描述统计"—"频率…"，此时会出现"频率"对话框。我们对"性别"这个变量进行描述性统计分析，将变量"性别"从左边的变量列表中选入右边的"变量"框中（图7-1）。

（2）单击"显示频率表格"前面的小方框，选中该选项。如果在生成统计表的同时需要生成统计图，则可以单击"图表"，打开"频率：图表"对话框，其中有条形图、饼图和直方图3种图形可供选择，系统默认状态是无图表，图表值有频率和百分比两种选择。这里假定需要制作饼图，并要求在图中显示出相应的百分比，单击选中饼图和百分比（图7-2）。

图 7-1 "频率"对话框

图 7-2 "频率：图表"对话框

（3）单击"继续"按钮，返回"频率"对话框，单击"确定"按钮，即可得到频数、频率分布表（表7-1）和统计图（图7-3），该结果显示在输出窗口。

表 7-1 性别构成频率分布表

		频率	百分比	有效百分比	累积百分比
	您的性别				
有效	男	249	44.0	44.5	44.5
	女	311	54.9	55.5	100.0
	合计	560	98.9	100.0	—
缺失	系统	6	1.1	—	—
合计		566	100.0	—	—

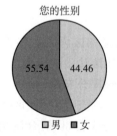

图 7-3 性别百分比构成图

2. 利用 SPSS 分析数据的集中量数和离散量数

在"×区×街道老年人生活状况调查问卷(社区居民篇)"SPSS 数据文件中,"您的家庭月收入"这一变量属于连续变量的定距测量层次。一般而言,可以分析数据的众数、中位数、均值等集中量数,以及四分位差、全距、标准差、离散系数等。

操作步骤如下。

(1) 依次单击"分析"→"描述统计"→"频率…"此时会出现"频率"对话框。将变量"您的家庭月收入"从左边的变量列表中选入右边的"变量"框中(图 7-4)。

(2) 取消"显示频率表格"选项,单击"统计量…"按钮,打开"频率:统计量"对话框。在"百分位值"选项框中选中"四分位数",在"集中趋势"选项框中选中"均值"和"中位数",在"离散"选项框中选中"标准差"(图 7-5)。

图 7-4 "频率"对话框

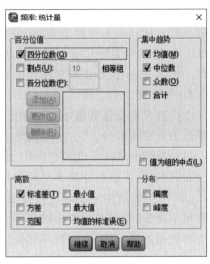

图 7-5 "频率:统计量"对话框

(3) 单击"继续"按钮,返回"频率"对话框,单击"确定"按钮,在结果输出窗口即可得到所选统计量的值。

必备知识和技能

一、连续变量的统计描述与参数估计

当调查数据量较少,如只有 5 个人的身高,或者 7 个人的性别资料时,研究者可以通过直接观察原始数据来了解几乎所有的信息。但是,在实际工作中接触到的数据量往往远大于人脑可以直接处理、记忆的容量,此时最直接的方法是将原始数据按照大小分组汇总,计算各组段的频数大小,最终汇总成相应的分组频数表(或直方图),以反映数据的大致趋势。

如果要使用统计指标变量加以描述,主要表现为以下几个方面:集中趋势、离散趋势、分布特征等其他趋势。

（一）集中趋势的描述

人群的平均年龄可能是人们希望了解的最基本的汇总信息，在统计学中用于描述集中趋势，或者数据分布的中心位置的统计量就被称为位置统计量。针对不同的数据分布状况，统计学家提供了多种统计量来代表原始数据的中心趋势，如平均值、中位数和众数等。

1. 算术均数

算术均数是最常用的描述数据分布的集中趋势的统计指标，因此也往往将其直接简称为均数。均数是最常用的集中趋势描述指标，但它不适用于对严重偏态分布的变量进行描述，只有分布资料单峰和基本对称时使用均数作为集中趋势描述的统计量才是合理的。

均数误用最常见的实例就是平均工资，假设某单位有 6 个人，其中有 5 个员工，1 个经理。员工的月收入分别是 3600 元、3800 元、4000 元、4200 元、4400 元，经理的月收入为 40000 元，这样他们的月收入均数为 10000 元。显然此时用均数并不能准确地反映其收入的一般水平，中位数才是更妥当的指标。

2. 中位数

中位数是将全体数据按大小顺序排列，在整个数列中处于中间位置的那个值。它把全部数值分成两部分，比它小和比它大的数值个数正好相等。

（1）由于中位数是位置平均数，因此不受极端值的影响，在具有个别极大值或极小值的分布数列中，中位数比算术平均数更具有代表性。

（2）中位数适用于任意分布类型的资料。不过，由于中位数只考虑居中位置，对信息的利用不充分，当样本量较小时数值会不太稳定。因此对于对称分布的资料，分析者会优先考虑使用均数，只有当均数不能使用时才用中位数加以描述。

（二）离散趋势的描述

显然，仅仅反映数据的集中趋势是远远不够的，反映出连续变量的波动范围可以使用数据的离散趋势。描述该趋势的统计量称为尺度统计量，常用的尺度统计量有全距、方差、标准差、四分位数间距等。

1. 全距

全距又称为极差，是一组数据中最大值与最小值之差，是最简单的变异指标，但显然过于简单了，因此全距一般只用于预备性检查。

2. 方差和标准差

对每个数据而言，其离散程度的大小就是和均数的差值，简称均差，而总体方差就是用均差平方和除以观察例数"n"。由于标准差和方差的计算涉及每一个变量值，所以它们反映的信息在离散指标中是最全、最理想、最可靠的变异描述指标。但也正是由于标准差和方差的计算涉及每一个变量值，所以它们也会受到极端值的影响，当数据中有较明显的极端值时不宜使用。实际上，方差和标准差的适用范围应当是服从正态分布的数据。

3. 百分位数、四分位数与四分位间距

百分位数是一种位置指标，用 P 表示。一个百分位数已将一组观察值分为两部分，

理论上有 X ％的观察值比它小,有（$100-X$）％的观察值比它大。常用的百分位数还有四分位数,即 $P25$、$P50$ 和 $P75$ 分位数的总称。这 3 个分位数正好是能够将全部总体单位按标志值的大小等分为 4 部分的 3 个数值,且 $P25$ 和 $P75$ 这两个分位数间包括了中间 50％的观察值。因此,四分位间距既排除了两侧极端值的影响,又能够反映较多数据的离散程度,是当方差、标准差不适用时较好的离散程度描述指标。

严格地讲,百分位数并不应当被限于只描述离散程度,也可以对数据的集中趋势等其他特征进行描述,将多个百分位数联合起来,实际上就可以完整地反映整个数据的分布规律。

有了上面的基础,研究者可以使用 SPSS 完成相关分析。SPSS 的许多模块均可完成统计描述的任务,除了各种用于统计推断的过程会附带进行相关的统计描述外,还专门提供了几个用于连续变量统计描述的过程,它们均集中在"描述统计"子菜单中。

描述过程是使用频率最高的操作,可用于一般性的统计描述,从图 7-6 的统计选项可以看出,该过程适用于对服从正态分布的连续性变量进行描述。

频率过程的特色是产生原始数据的频数表,并能计算各种百分位数。由图 7-7 可见,它所提供的统计描述功能非常全面,且对话框布置很有规律,基本上按照数据的集中趋势、离散趋势、百分位数和分布指标四大块将各描述指标进行了归类。

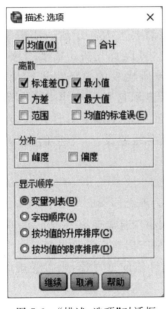
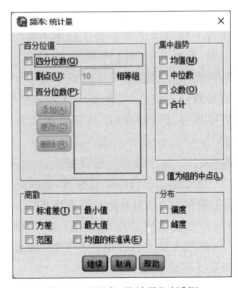

图 7-6　"描述:选项"对话框　　　　　图 7-7　"频率:统计量"对话框

探索过程用于在连续性资料分布状况不清时进行探索性分析。它可以计算许多描述统计量,除常见的均数、百分位数之外,还可以给出截尾均数、极端值列表等,并绘制出各种统计图,是功能最强大的一个描述过程。

（三）推论统计

推论统计就是利用样本的统计值对总体的参数值进行估计的方法。推论统计的内容主要包括两个方面:一是区间估计,二是假设检验。

1. 区间估计

区间估计的实质就是在一定的置信度下,用样本统计值的某个范围(置信区间)来估计总体的参数值。范围的大小反映的是这种估计的精确性问题,而可信度高低反映的则是这种估计的可靠性或把握性问题。区间估计的结果通常可以采取下述方式来表述:"全区人口中,女性占 $50\%\sim52\%$ 的可能性为 99% 。"区间估计中的可靠性或把握性是指用某个区间去估计总体参数时,成功的可能性有多大。它可以这样来解释:如果从这个总体中重复抽样 100 次,约有 95 次所抽样本的统计值都落在这个区间,则说明这个区间估计的可靠性为 95% 。对同一总体和同一抽样规模来说,所给区间的大小与作出这种估计所具有的把握性成正比,即所估计的区间越大,则对这一估计成功的把握也越大,反之,则把握越小。实际上,区间的大小所体现的是估计的精确性问题,二者成反比。即区间越大,精确程度越低;区间越小,精确程度越高。从精确性出发,要求所估计的区间越小越好;从把握性出发,又要求所估计的区间越大越好。因此,人们总是需要在这二者之间进行平衡和选择。在社会统计中,常用的置信度分别为 90% 、 95% 和 99% ,与它们所对应的允许误差(a)则分别为 10% 、 5% 和 1% 。

2. 假设检验

假设检验,实际上就是先对总体的某一参数做出假设,然后用样本的统计量去验证,以确定假设是否被总体接受。假设检验的基本思想是统计学的"小概率反证法"原理:对一个小概率事件而言,其对立面发生的可能性显然要大大高于这一小概率事件,可以认为小概率事件在一次试验中不应当发生。因此,可以首先假定需要考察的假设是成立的,然后基于此进行推导,来计算一下在该假设所代表的总体中进行抽样研究得到当前样本及更极端样本的概率是多少。如果结果显示这是一个小概率事件,则意味着如果假设是成立的,则在一次抽样研究中竟然就发生了小概率事件。这显然违反了小概率原理,因此可以按照反证法的思路推翻所给出的假设,认为它们实际上是不成立的。

概括起来,假设检验的步骤如下。

(1)建立虚无假设和研究假设,通常是将原假设作为虚无假设。

(2)根据需要选择适当的显著性水平 a (即概率的大小),通常有 $a=0.05$, $a=0.01$ 等。

(3)根据样本数据计算出统计值,并根据显著性水平查出对应的临界值。

(4)将临界值与统计值进行比较,若临界值大于统计值的绝对值,则接受虚无假设,反之则接受研究假设。

二、分类变量的描述统计

(一)单个分类变量的统计描述

相对于连续变量而言,分类变量的统计描述指标体系非常简单,主要是对各个类别取值分别进行频数和比例计算,再进一步计算一些所需的相对数指标。

1. 频数分布

对于分类变量,分析时首先应当了解各类别的样本数有多少,以及各类别占总样本量的百分比各为多少。这些信息往往会被整理在同一张频数表中加以呈现。对于有序分类变量,除给出各类别的频数和百分比外,研究者往往还对累积频数和累积百分比感兴趣,即低于/高于某类别取值的案例所占的次数和百分比。当然,出于一些特殊的分析目的,累计频数和累积百分比也可能被用于无序分类变量,如希望知道各少数民族占总人口数的比例情况等。

2. 集中趋势

除原始频数外,研究者如果希望知道哪一个类别的频数最大,还可以使用众数来描述它的集中趋势。显然,众数只反映频数最大的类别的情况,而忽视了其他信息,因此只有集中趋势显著时,众数才有价值。当变量的类别数不多时,原始频数表的观察并不复杂,此时众数的使用价值并不高。

对分类数据而言,其数据的离散程度和集中趋势有关联,它们受同一个参数控制,因此不需要分别描述。

(二)多个分类变量的联合描述

在数据分析中,往往需要对两个甚至多个分类变量的频数分布进行联合观察,此时就涉及了多个分类变量的联合描述。这种分类通常用交互分类表(又称列联表)显示。这是叙述或简化多个变量之间关系的基本方法之一。交互分类表,具有显现不同数据之间关系的作用,是统计分析中运用广泛的一种揭示变量间关系的方法。表 7-2 就是一个交互分类表。

表 7-2　交通事故与性别关系调查表

项　　目	男性	女性
从未在驾驶中出过事故/%	56	62
在驾驶中至少出过一次事故/%	44	38
被调查人数/人	7080	6950

表中的数据显示,从未在驾驶中出过事故的女性占 62%,男性占 56%。44% 的男性在驾驶中至少出过一次事故,女性只有 38%,男性的事故率要高于女性。除此之外,我们还可以作出年龄与事故率、职业与事故率、驾龄与事故率等多种交叉分类表,以分别研究不同年龄的人、不同职业的人、不同驾龄的人的事故率有何不同。

从这个例子中,我们很容易理解交互分类表的作用,就是可以比较深入地描述样本资料的分布状况和内在结构。又可以对变量之间的关系进行分析和解释。但需要指出的是,上述结论通常只是在所调查的样本范围内成立。我们进行调查研究的目的常常不仅仅是描述或说明样本的情况,更重要的是要通过样本的情况来反映和说明总体的情况。因此,要保证我们从样本中得出的结果具有统计意义,保证样本中所体现的变量间的关系也反映了总体的情况,就必须对它们进行卡方检验。

(三)多选题的统计描述

多选题是调查问卷中极为常见的调查题目类型,它所收集的数据也属于分类数据。

SPSS 等软件会将多选题以多个变量加以记录,当然,可以对每个单独的题项或变量进行统计描述,但这样做是不全面的,因为这些变量实际上回答的是一个大问题。将问题割裂开来可能会导致不正确的分析结果,而且无法计算一些汇总指标。

在多选题分析中比较特别的描述指标有以下四个。

(1) 应答人数。是指选择各选项的人数,或者说原始频数。

(2) 应答人数百分比。选择该项的人占总人数的比例,应答人数百分比可以反映该选项在人群中受欢迎的程度。

(3) 应答人次。是指选择各选项的人次,对于单个选项,应答人次和应答人数是相同的,但是对整个问题而言,应答人次可能远远大于应答人数,因为如果一个受访者选择了两个选项,则将会被计为 1 个人数、2 个人次。

(4) 应答次数百分比。在做出的所有选择中,选择该项的人次占总人次的比例。应答次数百分比可以用于比较不同选项的受欢迎程度。

在了解了以上基础知识之后,研究者可以使用 SPSS 软件完成相关分析。作为比较基本的功能软件,SPSS 的许多分析过程均可完成分类变量统计描述的任务,但常用的有位于"描述统计"子菜单中的频率过程和交叉表过程,以及另外两个用于多选题描述的制表过程/菜单项。

针对单个分类变量输出频数表是基本功能,从中可以得到"频数""百分比"和"累计百分比"统计量。除了原始频数表外,该过程还可给出描述集中趋势的众数,以及直接绘制用于分类变量的条图和饼图等。

由图 7-8 选项可以看出,交叉过程的强项在于两个或多个分类变量的联合描述,可以产生二维至 n 维列联表,并计算相应的行、列合计百分比和行、列汇总指标等。

多重响应子菜单(图 7-9)专门用于对多选题变量集进行设定和统计描述,包括多选题的频数表和交叉表均可制作,可以满足基本的多选题分析需求。

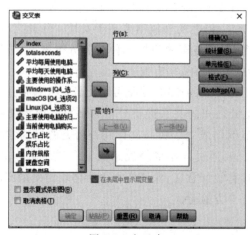

图 7-8 交叉表

图 7-9 多重响应

表格模块(图 7-10)提供了非常强大的制表功能,自然也可以使用多选题进行统计描述。

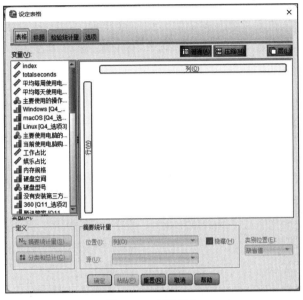

图 7-10　表格模块

任务二　调查数据的相关分析

✈ 任务目标

(1) 了解相关分析意义和作用。

(2) 掌握 SPSS 软件的相关分析的基本操作。

(3) 运用 SPSS 软件进行数据的相关分析。

📋 任务描述

某社工机构在开展社区问卷调查之后,通过 SPSS 软件建立了"×区×街道老年人生活状况调查(社区居民篇)"537 份有效问卷的数据信息。经过初步描述分析,如何通过 SPSS 软件继续挖掘样本资料中的有效信息?

📚 任务指导

通过 SPSS 软件可以分析变量间的关系和两个变量的相关系数,并对相关关系进行检验,更加深入地了解街道辖区内的老年人生活状况和相关影响因素。以 SPSS 在双变量描述统计中的运用为例。

1. 两个定类变量之间相关关系的测量与检测

以"×区×街道老年人生活状况调查问卷(社区居民篇)"SPSS 数据为例,选取"性别"与"您的养老意愿"两个定类变量,利用 SPSS 求两个定类变量之间的相关关系并进行检验。

(1) 打开"×区×街道老年人生活状况调查问卷(社区居民篇).sav"文件,依次单击"分析"→"描述统计"→"交叉表"(图 7-11),此时会出现"交叉表"对话框,将变量"您的性别"从左边的变量列表中选入右边的"行"框中,将变量"您的养老意愿"选入右边的"列"框中(图 7-12)。

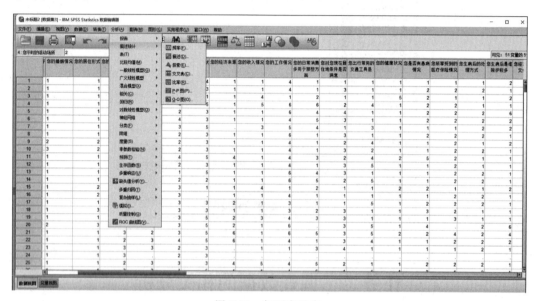

图 7-11 打开交叉表

图 7-12 "交叉表"对话框

(2) 单击"统计量"按钮,在"交叉表:统计量"对话框中选中"卡方"按钮(图 7-13)。

(3) 单击"继续"按钮,返回"交叉表"对话框,单击"单元格"按钮,在"计数"框选择"观察值",在"百分比"框选择"行"(图 7-14)。

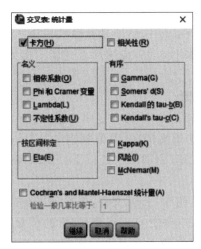
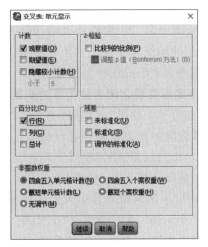

图 7-13　交叉表:统计量　　　　　　　图 7-14　交叉表:单元显示

（4）在"交叉表"对话框中单击"确定"按钮,即可得到统计结果,您的养老意愿与您的性别交叉制表（表 7-3）和卡方检验表（表 7-4）。

表 7-3　您的养老意愿与您的性别交叉制表

您的养老意愿		性　别		合　计
		男	女	
在家养老(子女赡养)	计数	190	207	397
	在您的养老意愿中的占比	47.9%	52.1%	100.0%
机构养老(敬老院等)	计数	24	39	63
	在您的养老意愿中的占比	38.1%	61.9%	100.0%
自己生活	计数	30	52	82
	在您的养老意愿中的占比	36.6%	63.4%	100.0%
其他	计数	2	3	5
	在您的养老意愿中的占比	40.0%	60.0%	100.0%
合计	计数	246	301	547
	在您的养老意愿中的占比	45.0%	55.0%	100.0%

表 7-4　卡方检验

卡方检验	值	df	渐进 Sig.（双侧）
Pearson 卡方	4.921[a]	3	0.178
似然比	4.971	3	0.174
线性和线性组合	4.349	1	0.037
有效案例中的 N	547		

（5）统计结果解读：从"您的养老意愿与您的性别"交叉表可见，多数老人选择了家庭养老，但男女有差异。卡方检验表明：df＝3，χ^2＝4.921，小于显著性水平为0.05时的临界值，卡方值的相伴概率为0.178，大于显著性水平0.05，说明两个变量不相关。表明男性和女性在养老意愿的选择上没有区别。

2. 两个定序变量之间相关关系的测量与检验

选取"您的子女情况"与"您的子女对您的探望情况"两个定序变量，利用 SPSS 求两个定序变量之间的相关关系并进行检验。"您的子女情况"取值分别是"0，1，2，3，4，5"，"您的子女对您的探望情况"取值分别是"经常探望（每周一次或以上）、偶尔探望（一月至半年一次）、每年探望一次、不探望"。

（1）打开"×区×街道老年人生活状况调查问卷 . sav"文件，依次单击"分析"→"描述统计"→"交叉表"，此时会出现"交叉表"对话框（图7-15），将变量"您的子女情况"从左边的变量列表中选入右边的"列"框中，将变量"您的子女对您的探望情况"选入右边的"行"框中。

（2）单击"统计量"按钮，在"交叉表：统计量"对话框中选中"有序"虚框中的"Gamma"统计量，单击"继续"按钮（图7-16）。

（3）统计结果解读。如表7-5所示，Gamma＝－0.66，表明这两个变量之间存在非常弱的负向相关关系。由于在数据文件中，变量"您的子女情况"是按从少到多的顺序排列的，而"您的子女对您的探望情况"是从多到少排列的，所以这里非常弱的负向相关关系应该理解为：子女数量越多，探望次数越少。检验结果表明：这种相关系数存在的错误概率为0.474，远大于显著性水平0.01，所以这种相关关系是不存在的。

图7-15　"交叉表"对话框

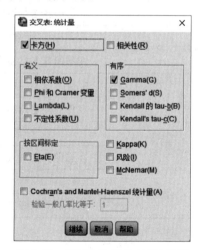

图7-16　"交叉表：统计量"对话框

表7-5　对称度量

相关性项	值	渐进标准误差[a]	近似值 T^b	近似值 Sig.
Gamma γ	－0.066	0.091	－0.716	0.474
有效案例中的 N	515			

3. 两个定距变量之间相关关系的测量与检验

以"×区×街道老年人生活状况调查问卷.sav"为例,选取"您的年龄"与"您的收入情况"两个变量,利用 SPSS 求两个定距变量之间的相关关系并进行检验。

(1) 打开"×区×街道老年人生活状况调查问卷.sav"依次单击"分析"→"相关"→"双变量"在双变量相关对话框中,将"您的年龄"与"您的收入情况"两个变量从左边的变量列表中选入右边的变量框中,"相关系数"选择"Pearson",显著性检验选择双侧检验,如图 7-17 所示。

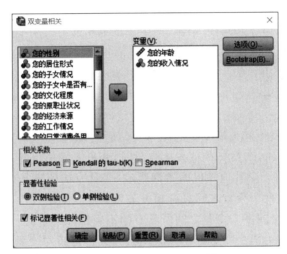

图 7-17　"双变量相关"对话框

(2) 单击确定按钮,即可得到表 7-6。

表 7-6　相关性

变　　量	相关系数	您的年龄	您的收入情况
您的年龄	Pearson 相关性	1	−0.051
	显著性(双侧)	—	0.238
	N	537	530
您的收入情况	Pearson 相关性	−0.051	1
	显著性(双侧)	0.238	—
	N	530	559

(3) 统计结果,r 统计量的值为 −0.051,r 系数说明您的年龄对您的收入情况有一定影响,但这种影响比较弱。

(4) 相关关系的检验。打开数据,依次单击"分析"→"比较均值"→"单因素 ANOVA",此时会出现"单因素方差分析"对话框,将变量"您的家庭月收入"从左边的变量列表中选入右边的"因子"框中,将变量"您的年龄"选入"因变量列表"框中,单击"确定",得到表 7-7 所示的分析结果。

表 7-7　单因素方差分析

比较值	平方和	df	均方	F	显著性
	您的收入情况				
组间	58.622	45	1.303	0.909	0.643
组内	693.689	484	1.433	—	—
总数	752.311	529	—	—	—

在方差分析表中，$F=0.909$，F 的相伴概率为 0.643，大于显著性水平 0.05，这表明在总体中，"您的年龄"与"您的收入情况"两个变量不相关。

必备知识和技能

一、变量的相关关系

要探索社会现象发生和发展变化的规律及其原因，就需要分析变量间的关系。一般地说，对于两个变量 x、y，变量 x 的值发生变化时，变量 y 的值也随之发生变化，但是当变量 x 的值确定之后，由于受其他随机因素的影响，变量 y 的值不是确定的值，而是在一定的范围内取值，就称这两个变量之间具有相关关系。

相关关系是对两个或多个变量之间所具有的不确定性关系的一种描述。两个变量之间具有相关关系，简称为两个变量是相关的。相关分析是指对变量之间的相关关系进行统计分析的方法或过程。

必须注意，相关性只能描述两个变量具有相互影响关系，而不能说明它们之间必然具有因果关系。两个变量的因果关系通常表示为：$x \rightarrow y$。具有因果关系的两个变量间一定具有相关关系，而有相关关系的两个变量间不一定有因果关系。

二、相关关系的特性

两个变量间的相关关系有以下特性：一是有相关强度。即两变量之间联系的紧密程度，也就是一个变量变化导致另一个变量变化的程度大小。二是有相关方向。当一个变量的变化导致另一个变量向相同方向变化时，这两个变量之间为正相关关系，相关系数是正值；当一个变量的变化导致另一个变量向相反方向变化时，这两个变量之间关系为负相关关系，相关系数为负值。三是相关强度。一般用相关系数表达。根据变量层次的不同，有各种不同的相关系数。但是，这些相关系数的取值范围一般为 $[-1,1]$，或者为 $[0,1]$。这里的正负号表示的就是相关关系的方向，而数值表明的就是相关关系的强弱。相关系数为 1 时，表示两个变量完全正相关，相关性为 100%；相关系数为 −1 时，表示两个变量完全负相关，相关性为 −100%；相关系数越接近 −1 或 1 时，相关强度越大。

三、相关系数

社会调查涉及的变量大多是定性变量，可以先通过交叉表看行变量和列变量之间的相关关系。对于定量和变量相关关系的考察,一般先采用散点图来进行,但是这种方法不能精确反映变量间相关的密切程度。而相关系数不但可以描述出变量间的相关程度,还可以描述出相关方向。

相关系数是表明两个变量之间或多个变量之间相关程度和方向的一个数值,通常记为 r,取值范围一般在 $-1 \sim +1$。当 $r < 0$ 时,说明变量的变化方向相反,表明变量之间呈负相关;当 $r > 0$ 时,说明变量的变化方向一致,表明变量之间呈正相关。相关系数的绝对值越大,变量间的相关性越强;相关系数的绝对值越接近零,变量间的相关性越弱;当 $r = 0$ 时,就认为变量间没有线性相关性,但可能有曲线相关关系。

不同测量尺度的变量,其相关统计量的计算方法是不相同的,如果是两个定距测量的变量,则可以根据两变量数值上的共同变化来理解它们之间的相关性。这种基于共变基础上的相关统计量也就是一般数理统计上所说的相关系数。如果是两个定类或定序测量的变量,则可以从连同发生的角度来理解其相关关系,即当一个变量中的某种情况发生时,另一变量中的某种情况会更有可能发生。在探讨各种变量的相关关系时,最重要的是要针对不同的情况选择不同的相关系数。表 7-8 是根据变量的分类给出的相关系数的分类。

表 7-8　依据数据类型选择相关系数

变 量 类 型	相 关 系 数
定类—定类(定序)	Lambda 系数 tau-y 系数 χ^2 独立性检验
定序—定序	Cramer's V 系数 Somers's Kendall's tau-b(肯德尔等级相关系数)
定类(定序)—定距	Eta 平方系数
定距—定距	Pearson 积差相关系数

四、样本相关系数与总体相关系数

当数据是调查总体的数据时,两个变量的相关系数能够反映这两个变量的相关关系的密切程度乃至相关方向,并且根据相关系数的大小将其划分为高度相关、中度相关还是低度相关。如果我们需要通过样本的相关系数考察总体的相关性,在符合随机抽样的条件下,就要对两个变量的相关性进行假设检验。通常采用双侧检验,建立的假设如下。

H_0:在总体中,两个变量之间是独立的,即相关系数为 0。

H_1:在总体中,两个变量之间是相关的,即相关系数不等于 0。

如果要检验两个变量是正相关还是负相关,就要进行单侧检验,建立的假设如下。

H_0:在总体中,两个变量之间是不相关的,即相关系数为 0。

H_1:在总体中,两个变量之间是正(负)相关的,即相关系数大于(小于)0。根据要求,在 SPSS 的输出结果中,会给出每个相关系数检验的结果。

五、SPSS 中的相应功能

SPSS 的相关分析功能分散在几个过程中，但大致可归为以下两类。

1. "交叉表：统计量"子对话框

该子对话框按照无序、有序、连续变量的分类，提供了非常整齐的相关分析指标体系，如图 7-18 所示，在其中找到上面介绍的几乎全部指标，具体解释如下。

（1）"相关性"复选框。适用于两个连续性变量的分析，计算行、列变量的 Pearson 相关系数和 Spearman 等级相关系数。

（2）"按区间标定"框组。包含了一个变量为数值变量，而另一个变量为分类变量时度量两者关联度的指标，Eta 的平方表示由组间差异所解释的因变量的方差的比例，即 SS 组间/SS 总。系统一共会给出两个 Eta 值，分别对应了行变量为因变量（数值变量）和列变量为因变量的情况。

（3）"有序"复选框组。包含了一组用于反映分类变量一致性的指标，这些指标只能在两个变量均属于有序分类时使用。它们均是由 Gamma 统计量衍生出来的。

（4）"名义"复选框组。包含了一组用于反映分类变量相关性的指标，这些指标在变量属于有序和无序分类时均可使用，但两变量均为有序分类变量时，效率没有"有序"复选框组中的统计量高。

（5）"Kappa"。计算 Kappa 值，即内部一致性系数。

（6）"风险"。计算 OR 值（比数比）和曲值（相对危险度）。

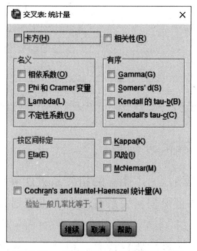

图 7-18　"交叉表：统计量"对话框

2. "相关"子菜单

由于针对连续性变量的相关分析更常用，因此 SPSS 还专门提供了"相关"子菜单中的 3 个过程，用于满足相应的分析需求。

（1）双变量过程。此过程用于进行两个和多个变量间的参数和非参数相关分析，如果是多个变量，则给出两两相关的分析结果。这是相关分析中最常用的一个过程，实际上人们对它的使用可能占到相关分析的95%以上。

（2）偏相关过程。如果需要进行相关分析的两个变量取值均受其他变量的影响，就可以利用偏相关分析对其他变量进行控制，输出控制其他变量影响后的相关系数，偏相关过程就是专门进行偏相关分析的。

（3）距离过程。调用此过程可对同一变量内部各观察单位间的数值或各个不同变量进行相似性或不相似性（距离）分析，前者可用于检测观测值的接近程度，后者则常用于考察各变量的内在联系和结构。该过程一般不单独使用，而是用于因子分析、聚类分析和多维尺度分析的预分析，以帮助研究者了解复杂数据集的内在结构，为进一步分析做准备。

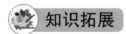 **知识拓展**

社会工作调研中如何科学地运用 SPSS

社会工作要想做得扎实、接地气、有成效，必须立足服务对象的需求，这也是一个优秀服务项目的起点。因此，无论是从实务角度还是评估角度考虑，社会工作者均需开展科学系统的需求调研，以有效掌握服务对象的需求，了解所在服务区域面临的发展问题，更好地指引服务方向，保障项目取得预期成果。笔者在日常与社会工作者的接触中发现，不少社会工作者在调研的数据分析环节容易产生畏难心理，社会科学统计程序（全称statistical program for social sciences，以下简称"SPSS"）仿佛是一道跨不过去的坎。他们先入为主地认为 SPSS 很难、很高深，而且对 SPSS 缺乏系统的学习和研究，即使社会工作专业出身的工作者也存在不少焦虑和疑惑。本文主要以统计思想为核心，通过一些实操案例与社会工作者共同学习统计分析方法，同时解答在运用 SPSS 进行数据分析时容易出现的困惑，协助社会工作者学习统计思维并学会运用 SPSS 来进行更高层次的数据分析，提升需求调研的专业性和质量。

（一）调研案例

某日间托老服务中心欲研究社区内 60 名长者对居家养老服务的需求程度可能与哪些因素有关。

（二）执行思路

社会工作者在社区内随机对 60 名长者进行问卷调查，把长者对居家养老服务的需求程度设置为 1～10 分的范围，从而分析需求程度与长者年龄（单选：60～64 岁、65～69 岁、70～74 岁……）、居住情况（多选：独居、与配偶同住、与子女同住……）、月收入（单选小于 500 元、500～1000 元、1001～2000 元……）的相关性。

（三）案例分析

（1）相关分析这种统计方法对变量有一定的要求，常用的"皮尔逊（Pearson）"相关主要用于两个计量资料，且双变量必须符合正态分布；而"斯皮尔曼（Spearman）"相关则适用于两个计量资料或等级资料之间的相关性分析。

（2）在此案例中，"养老服务需求程度""年龄"和"月收入"都属于计量变量（连续变量），在检验两两变量是否符合正态分布后，就可以用相关分析进行两两比较。

(3)“居住情况”既不是计量变量,也不是等级变量,它是两取值分类变量(即“是”填1,“否”填0),那么此时社会工作者不能钻牛角尖,想要进行相关分析,而是要转换分析思路,根据实际情况可使用两个独立样本T检验的统计方法,来分析“居住情况”与“养老服务需求程度”之间的关系。

(四)SPSS操作路径

步骤1:首先进行正态分布验证。单击“分析”→“描述”→“探索”,然后将双变量分别放入“因变量列表”,单击“确定”运行。

步骤2:如符合正态分布,可进行皮尔逊相关分析。单击“分析”→“相关”→“双变量”,将欲研究的两个变量资料放入“变量”框,勾选“Pearson”相关,单击“确定”运行。

步骤3:如不符合正态分布,可运用散点图分析来判断近似正态分布。单击“图形”→“旧对话框”→“散点/点图”,选择“简单分布”(或“简单散点图”),单击“定义”,把欲研究的双变量一个放入“Y轴”框,一个放入“X轴”框,单击“确定”运行。

步骤4:如双变量不符合正态分布和近似正态分布,可进行斯皮尔曼相关分析。单击“分析”→“相关”→“双变量”,勾选“Spearman”相关,单击“确定”运行。

步骤5:运用差异性分析方法探索“居家养老服务需求程度”与“居住情况”的关系。单击“分析”→“比较”“均值”→“独立样本T检验”,把“居家养老服务需求程度”放入“检验变量”框,把每一个居住情况结果放入“分组变量”框,单击“定义组”按钮,设置1和0。在本例中1代表“是”,0代表“否”。最后单击“确定”运行。通过上述案例,社会工作者可以发现相关性研究的重点是能否作出合理的调研设想,才有了后续一系列的科学验证。

(资料来源:黎文光. 社会工作调研中如何科学运用SPSS[J]. 中国社会工作,2020(3):38-39.)

项目能力训练

(1)请根据SPSS数据中变量视图的资料,说明如何分析在校大学生使用计算机的用途(图7-19)。

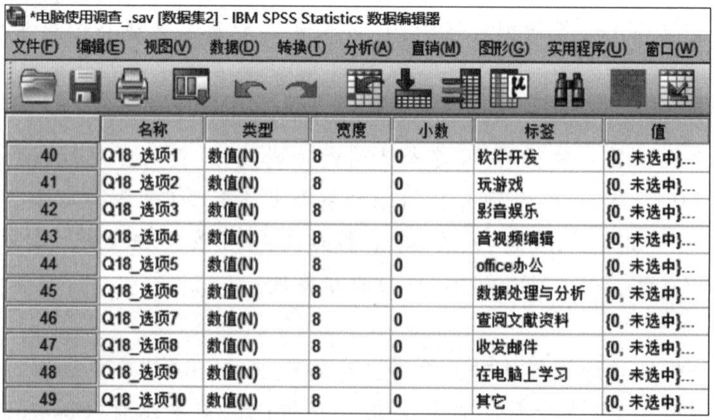

	名称	类型	宽度	小数	标签	值
40	Q18_选项1	数值(N)	8	0	软件开发	{0, 未选中}...
41	Q18_选项2	数值(N)	8	0	玩游戏	{0, 未选中}...
42	Q18_选项3	数值(N)	8	0	影音娱乐	{0, 未选中}...
43	Q18_选项4	数值(N)	8	0	音视频编辑	{0, 未选中}...
44	Q18_选项5	数值(N)	8	0	office办公	{0, 未选中}...
45	Q18_选项6	数值(N)	8	0	数据处理与分析	{0, 未选中}...
46	Q18_选项7	数值(N)	8	0	查阅文献资料	{0, 未选中}...
47	Q18_选项8	数值(N)	8	0	收发邮件	{0, 未选中}...
48	Q18_选项9	数值(N)	8	0	在电脑上学习	{0, 未选中}...
49	Q18_选项10	数值(N)	8	0	其它	{0, 未选中}...

图7-19 资料图1

(2)下面是幼儿园3个班中16名4岁学生的体检数据,说明如何运用SPSS软件对这些数据进行单变量描述统计(图7-20)。

图 7-20　资料图 2

（3）家庭经济状况不同的高中毕业生,对于是否愿意报考师范大学有三种不同的态度,其人数分布如表 7-9 所示,卡方检验如表 7-10 所示。试问学生报考师范大学与家庭经济状况是否有关系?

表 7-9　人数分布表

家庭状况	报考师范大学的态度			合计
	愿意	不愿意	不表态	
上	13	27	10	50
中	20	19	20	59
下	18	7	11	36
合计	51	53	41	145

表 7-10　卡方检验

项　目	值	df	sig
pearson	12.763[1]	4	0.012
似然比	12.790	4	0.012
线性和线性组合	0.459	1	0.498
有效案例中的 N	145	—	—

注：0 单元格(.0%)的期望计数少于 5,最小期望计数为 10.18。

（4）根据表 7-11 提供的数据，求地区与产业的相关系数，并说明其意义。

表 7-11　每千户家庭居住地与户主从事的产业

产业	地　区			总数
	东部	中部	西部	
农业	28	30	14	72
工业	248	330	122	700
商业服务业	20	56	130	206
建筑业	4	3	7	14
运输业	0	1	7	8
总数	300	420	280	1000

项目综合训练

运用 SPSS 软件对本组承担课题的调查数据进行统计分析，结合本学期社会调查的实际情况，将要点填入调查情况表。

扫描二维码下载项目综合实训内容（表 7-12），可结合实际调整内容和格式。

表 7-12　综合实训表

项　　目	项目指标	实际事项	完成进度
变量描述统计	频数		
	频率		
	集中趋势分析		
	离散趋势分析		
	多重响应分析		
单变量统计推论	区间估计		
	假设检验		
双变量统计分析	交叉分类表		
	不同层次的相关分析		

综合实训表

项 目 八
撰写调查报告

项目描述

通过本项目的学习,理解调查报告的特点和类型;了解调查报告的撰写步骤,弄清调查报告的结构规范及基本写作要求,着重学习提炼主题、理清思路、安排结构和起草修改方法;明确不同类型的调查报告的特点与作用,重点掌握应用性调查报告的构成和写法;培养学生独立撰写调查报告的能力。

任务一 调查报告的分析

任务目标

(1)明确调查报告的类型。
(2)掌握调查报告的撰写特点。
(3)掌握调查报告的撰写步骤。

任务描述

社工小张在进行文献学习的时候,整理了一篇调查报告的提纲,如图 8-1 所示。请分析这是什么类型的调查报告,理由是什么?

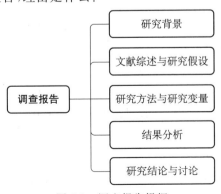

图 8-1 调查报告提纲

📚 任务指导

从调查报告的提纲可以看出这是一篇学术性调查报告。

学术性调查研究报告以建构或检验理论为目的,主要面向专业研究人员,侧重对社会现象的理论探讨,主要分析诸多要素间的关联性和因果关系,并提出具备一定说服力的结论。这类报告的专业性特征要求其在内容上更侧重研究探讨而非应用,因此报告必须具有固定的格式、严谨的结构和客观严密的写作语言,对研究设计、理论基础及研究的方法、过程都要求有必要的说明和阐释。例如,一般报告没有文献综述部分,对研究方法的叙述也比较简单,但是作为学术性调查报告,文献综述是必需的,研究方法甚至要作为单独的部分予以详尽的说明。调查结果的分析更多的是结论和讨论,这部分可以明确回答"导言"部分提出的问题,也可以在结果分析的基础上挖掘更深层次的东西,或提出进一步开展研究的建议。

🐾 必备知识和技能

一、调查报告的主要特点

当我们完成了资料的收集和分析工作之后,最后的任务就是要把我们调查的结果以某种恰当的形式传达给他人,同其他人进行交流,这就是撰写调查报告的工作。调查报告通过对调查材料的分析,用大量第一手材料反映客观情况、经验、问题和规律,并针对问题提供建议和对策,是现代社会工作、生活和学习经常采用的手段之一。对于一项具体的调查研究来说,调查报告是其成果的集中体现。调查报告撰写得好坏,将直接影响到调查成果的交流和这一成果对社会的作用。因此,研究者要根据不同的目标和要求,将调查研究结果以合适的形式表达出来。调查报告具有以下特点。

1. 真实性

真实性是调查报告首要的、最大的特点,也是社会调查研究报告的生命力所在。所谓真实性,就是尊重客观事实,靠事实说话。反映事实、忠于事实,不带有调查者的主观随意性。不能对客观事实随意引申,或不切实际地渲染。首先,调查报告要确保引用材料的真实性,报告必须从实际出发,用事实说话。对使用的材料要反复核实,确认是真实的,不是虚假的、歪曲的;对事实的描述一定是具体的、清晰的,不是笼统的、模糊的;必须是准确的,不是道听途说的;必须是全面的,不能是断章取义、为我所用的。其次,要在详尽、系统、全面地占有资料的基础上,认真分析、综合、提炼和概括。得出的结论是符合实际的、科学的,不能把特殊条件下产生的事物作为普遍规律提出;论证必须严密,应切合逻辑,不能凭想象、推论或主观臆断下结论;不能迎合上级领导意图,以偏概全。这些都是对调查报告真实性的基本要求。

调查报告的这一特点要求调查人员必须树立严谨、科学的态度,认真、求实的精神,摒弃"假大空"的作风。不仅报喜,还要报忧;不仅要充分肯定工作成绩,还要准确反映工作中存在的问题。只有严谨、科学的态度,才能写出真实可靠、对工作具有指导意义的调查报告。

2. 针对性

针对性是调查报告的第二个显著特点，这是由调查报告具有很强的工作针对性所决定的。一般来说，一项调查研究工作，特别是大型调查研究，要耗费较多的时间、经费和人力，不能随意组织开展，而要针对一些较为迫切的实际情况，为解决某些实际问题而开展。无论是学术性调查研究还是应用性调查研究，选题时目的性必然十分明确，这就决定了作为其研究成果的调查报告，必须要有针对性。调查报告要面对的是哪一类问题，是为决策提供参考，还是为揭示事物的本质和规律；是为呼吁社会关注，还是为能认清真相，从而得出符合实际的结论。在调查报告的写作上，必须中心突出，明确提出针对的问题，明确交代针对这一问题所获得的事实材料，分析出问题的症结所在，提出具体可行的建议和对策。

3. 时效性

时效性是指调查报告要对社会现实及时、有效地探索和描述。这是调查报告价值体现的必然要求。调查报告是在社会调查研究的基础上对特定社会现象作出客观描述和解释的书面文件，因为社会现象和人们的社会行为会随着时间的变化而产生差异，所以调查报告仅可以依据某一特定时间内的客观事实作出有益的说明和解释。如果在调查研究完成后，调查报告的完成超出了某个时间点，必然会丧失原有的说明和解释力。例如，2011年中国各地全面实施双独二孩政策之后，相应的调查报告对相关部门认识和理解坚持计划生育基本国策和积极开展应对人口老龄化行动有一定的应用意义，但随着时间的推移，2015年我国提出"实施全面二孩政策"之后，调查报告就丧失了存在的价值与意义。

调查报告的三个特点并不是孤立存在的，其内部存在紧密的逻辑联系。真实性是调查报告存在的基础，也是撰写调查报告需遵循的首要原则，是针对性和时效性赖以存在的前提；针对性是调查报告的目的所在；时效性则是在针对性和真实性的基础上对撰写调查报告的补充要求，是调查报告的生命力和价值体现。

二、调查报告的类型

根据不同标准，调查报告可以划分为多种类型。

1. 描述性报告与解释性报告

根据调查报告在性质和主要功能上的不同，我们可将其区分为描述性报告和解释性报告两大类。描述性报告侧重于对所研究的现象进行系统、全面的描述，这种描述既可以是定量的，也可以是定性的。其主要目标是通过对研究资料和结果的详细描述，向读者展示某一现象的基本状况、发展过程和主要特点。对那些以弄清现状、找出特点为目的的描述性研究来说，这种报告是其表达结果的最适当的形式。

解释性报告的着眼点则有所不同，它的主要目标是要用研究所得资料来解释和说明某类现象产生的原因，或说明不同现象之间的关系。这类报告中虽然也有一些对现象的描述，但一方面这种描述不像描述性报告那样全面、详细；另一方面，这种描述也仅仅作为合理解释和说明现象的原因，以及为解释和说明现象间相互关系的基础或前提而存在。简言之，是为了解释和说明而作的必要描述。

从撰写要求来看，描述性报告首先强调内容的广泛性和详细性，要求尽可能面面俱到。

同时,它还十分看重描述的清晰性和全面性,力图给人以整体的认识和了解。而解释性报告则强调内容的集中与深入,看重解释的理论性和针对性,力图给人以合理和深刻的说明。

需要说明的是,调查报告的这种区分并无十分严格的界限,或者说,研究者在实际撰写调查报告时,往往难以把描述和解释截然分开,更难于只描述不解释(或只解释不描述)。在许多情况下,一份调查报告常常同时兼有描述和解释这两方面的功能,只是不同的报告对其中某一方面侧重的程度有所不同而已。

2. 学术性报告与应用性报告

根据以主要研究目的为划分标准,我们又可将调查报告分为学术性报告与应用性报告两类。

应用型调查报告主要的研究目的是了解和解决社会现实生活中的实际问题。凡是反映现实生活、总结社会活动的典型经验与问题,探寻解决现实生活问题的对策都属于应用型调查报告。学术型调查报告的研究目的是探讨解决理论发展和理论研究的问题,即通过对社会现象的调查研究,检验某种理论或建构、完善某种理论。

这两类报告在撰写要求及风格上有所不同。大体上,用作专业杂志上发表或学术会议上发表的调查报告往往比较紧凑、严谨。它在研究设计、研究方法方面需要比较详细地描述,特别是在样本抽取、变量测量、资料收集等细节方面。它的资料分析部分相对广泛,但对结果的讨论部分则相对谨慎。提供给政府决策部门或实际工作部门的调查报告则对研究过程的介绍十分简短。这种报告的研究结果部分常常采用比较直观的统计图、统计表等形式表示出来,并且根据研究结果提出的政策建议部分在这种报告中十分突出。

3. 定量分析型调查报告与定性分析型调查报告

根据研究方法为划分标准,调查报告还可以分为定量分析型调查报告与定性分析型调查报告两类。

定量分析型调查报告主要以对数据资料的统计分析结果及其讨论为主要内容,数量化、表格化、逻辑性强是其表达结果的主要特征,报告的格式十分规范且相对固定,报告的各个部分之间界限分明。与此相反,定性分析型调查报告主要采用定性分析法,主要通过对具体事实的调查研究,分析事物的性质、特点、结构、变化和发展规律等,虽然也会有些数量关系的分析,但不是主要的。在内容上,描述和分析、资料与解释之间的界限也不十分明显。而且一般来说,定性分析型调查报告的篇幅也比定量分析型调查报告要长,报告体现的主观色彩也较重。通常情况下,定性分析离不开一定的定量分析,而定量分析也离不开一定的定性分析。重要的大型调查研究活动形成的报告一般都是两种方法混合型的调查报告。大量反映问卷调查成果的报告是以定量分析为主的,属于定量分析报告;定性型分析报告主要反映访问、观察等方法进行研究获取成果的报告。

4. 综合性调查报告与专题性调查报告

综合性调查报告是指对调查对象的基本情况和发展变化过程做出的较为全面、系统、完整且具体的调查报告。这类调查报告多用于反映某一总体或某一现象各方面的基本情况。例如,进行一项社区概况调查时,比较适合用综合性调查报告来全面反映该社区的政治、经济、文化、环境、社会结构、社会心理、社会生产与生活方式等各方面的基本情况。从写作要求来看,这类调查报告力求描述内容全面,因而篇幅往往比较长。当一项社会调查涉及某一总体或某一现象各个方面的内容或状况时,比较适合选用综合性调查报告来展示调查成果。

专题性调查报告是指针对某一情况、事件或问题进行深入调查、分析而成的书面报告。从写作要求来看,这类调查报告的内容往往比较单一,针对性强,其篇幅也相对小一些。当一项社会调查涉及某一社会现象或问题的某个方面的内容或状况时,比较适合选用专题性调查报告来展示调查成果。如《利益受损农民工的利益抗争行为研究——基于珠三角企业的调查》《老年生活保障与对社区的依赖——××市老年生活保障调查问卷分析》。

三、调查报告的一般结构

撰写调查报告时,不光要关注其主题和意义,同时也应该关注撰写的严谨性和规范性。尽管不同的调查报告对内容和写作方法等方面都有不同的要求,但其在结构上是大同小异的。大体上,调查报告都是从所探讨的问题开始,以调查研究所得到的结论和意义结束。各种报告在结构上通常可依据提出问题、分析问题和解决问题的一般思路大致分为五个部分。

1. 导言

导言是调查报告的绪论部分,主要说明研究的基本概况,可进一步分为 4 个部分:第一,研究的缘起,通常是阐明研究的背景、研究的动机;第二,文献述评,也就是对已有的相关研究文献进行总结和评论,同时也为研究设计提出借鉴说明;第三,研究的目的和意义,这部分向读者说明研究期望解决什么问题,研究具备哪些现实和理论意义;第四,研究的思路和方法,主要包括研究设计、理论和实证分析框架、研究方式、资料收集方法和资料分析方式等。

2. 调查结果分析

调查结果分析是调查报告的主体部分。具体包括:状况描述,对主题呈现状况的客观描述,对特征的总结;问题分析,在描述的基础上对主题进行进一步的分析讨论;原因解释,对现象出现的原因进行分析解释;主要结论,针对前述部分进行总结探讨。

3. 对策研究

对策研究即通过对问题的分析提出解决问题的对策,这一部分并非所有类型的调查报告所必需,可根据具体情况来定。

4. 小结和讨论

在这一部分,研究者主要对整个研究过程进行总结,不但可以反思在研究中存在的、需要进一步改进的不足,还可以讨论研究带来的启发及提出需要特别说明、补充的事项。

5. 参考文献和附录

在参考文献中应列出调查报告中涉及的书籍和文章目录;在附录中应提供研究过程中所用的问卷、量表、访谈提纲等材料。

四、调查报告的撰写步骤

如果说调查研究过程必须首先收集大量材料,然后通过对大量材料的分析,提炼出有价值的思想、观点和主张;那么,调查报告的写作首先就要提炼出全文的主题,然后紧紧围绕主题精选材料、厘清思路、编写大纲,最后起草并反复修改,使主题和材料融为一体、自然天成。如何使材料和观点有效地融为一个整体,没有斧凿的痕迹,如实反映客观事物的本来面貌,这是调查报告写作的基本要务。

1. 确立主题

调查报告的主题就是调查报告所要表达的中心问题,它是整个报告的灵魂。确立明确而适当的主题,是整个报告撰写过程顺利开展的前提。

确定调查报告主题时,应充分考虑到调查主题和调查资料收集的内容。

一般情况下,调查报告的主题应当与调查主题相一致。换言之,调查主题即为调查报告的主题。由于调查主题在调查报告撰写之前就早已确定,因而,在这种情况下,确定调查报告的主题并不困难。但有时候由于某些因素的影响,使研究所得的资料与研究最初的目标存在一定的差距,无法说明事先预定的研究主题。此时,要注意拟定的调查报告主题是否有足够的调查材料支撑。要根据实际的资料和结果重新确立调查报告的主题。另外,在调查面广、内容多的综合性调查研究中,在撰写总调查报告的同时,往往还需要撰写多个分报告,才能将整个调查研究过程及成果完整地展现出来。在这种情况下,需要根据调查材料所能反映的主题,适当地确定各个分报告的主题。

2. 拟定提纲

主题明确后,不可马上动笔写报告,而应先构思好报告的整体框架,并将这种框架转变为具体的撰写提纲。如果说主题是调查报告的灵魂,那么提纲就是调查报告的骨架。通常,调查报告结构中的导言、方法等部分的内容比较固定,变化不大。所以,拟定提纲这一步骤主要是针对调查报告的结果部分和讨论部分而言的。

撰写提纲的主要作用是理清思路,明确报告内容,安排好报告的总体结构,为实际撰写打下基础。拟定撰写提纲的方法是对研究结果的分解,并将分解后的每一部分进一步具体化。提纲并不是固化的,在写作过程中也可根据实际情况适当修改。

提纲没有固定的格式,下面是撰写调查报告时最常用的提纲模板。

标　题

一、摘要

二、调研概况

　　(一)研究背景

　　(二)研究目的

　　(三)研究内容

三、研究方法

　　(一)问卷调查法

　　(二)研究实施情况

四、调研结果

五、调研结论及建议

3. 选择材料

调查报告所用的材料通常包括两种,一种是从研究中得到的各种数据、表格,事例等客观材料,另一种是在这些客观材料的基础上通过分析、综合、概括所形成的观点、认识、建议等主观材料。一项研究所得资料与调查报告所用的材料并不是一回事,研究资料往往都与研究主题有关,但不一定都与调查报告的主题紧密相连,所以撰写调查报告并不是所有研究资料的堆砌。由于报告选题的方向不同于研究主题,并非所有的研究资料都能成为撰写调查报告时所用的材料。

因此,在写调查报告前,首先应以撰写提纲的范围和要求为依据,对所用的材料进行选择。选择时,要紧扣报告主题,分析并弄清多种材料的特性与价值,以及它们产生的原因、发展的趋势等。然后把与主题关系密切的材料一一列出,淘汰那些残缺不全、可靠性差、过时和与已确定的主题无关或关系不大的材料。其次还要坚持精练、典型的原则,选择那些具有科学性、适用性、典型性、易统计性的材料,做到既不漏掉重要的材料,又使所用的材料具有最大的代表性和最强的说服力。

4. 撰写报告

当前三步工作完成后,就已经有了一个结构分明、材料齐备的报告雏形,这时就可以动笔撰写报告了。

具体的撰写方法因人而异、因文而异,但有些共同的问题需要注意。

第一,撰写报告时最好一气呵成,不要经常在一些小的环节上停下来推敲修改,以免耽误过多时间。有的人写作时左顾右盼、精雕细琢,这样容易中断思路,影响通畅。一气呵成的好处是整个报告思想连贯、语气顺畅,容易做到首尾一致,有整体感;尽管这样写出的初稿可能粗糙一些,但无关大局。语言或材料的某些缺陷,可等修改时再作补充加工。当调查报告全文写完后,再反复阅读、审查和推敲每个部分,认真修改好每个细小的环节,使报告不断丰富和完善。

第二,适当运用提纲,但不要被提纲限制住。提纲是研究者为调查报告拟定的框架,但在实际起草过程中,常常会突然产生一些新的想法,或发现拟定提纲时的观点缺少充足的材料支撑,有时还会发现提纲的思路有诸多不妥,需要进一步补充、深化和完善。因此不能过分依赖提纲,否则就会被提纲限制住。

5. 报告的完善

调查报告在完成初稿之后,通常要通过多次审核和修改才能定稿。在完善初稿时应该注意以下几个问题。

一要看全文的重要概念及基本观点是否正确,是否有说服力,是否与现行的政策、法律矛盾,是否适应读者需要;二要看主要内容是否有针对性,是否对解决实际或理论方面的问题具有一定价值;三要看引用的谈话、文字及其他形式的资料是否准确、有出处;四要看全文思路和条理是否清晰,标题与正文、开头与结尾、过渡与照应的处理是否恰当;五要看文体是否符合要求,格式是否规范、合理,作为调查报告,是否体现了用事实说话、反映及时、语言朴素简明等特点;六要看报告中参考文献的著录、标点符号的运用、数字的用法等是否符合国家标准。

任务二 调查报告的撰写

✈ 任务目标

（1）掌握调查报告标题的类型与写法。
（2）调查报告导言的构成与写法。
（3）调查报告主体的写法。
（4）学会撰写简单的应用型调查报告。

📋 任务描述

以下两篇调查报告都是关于"中小学生参与家务劳动"的调查研究。请认真阅读，并分析两篇调查报告的差异。

例文一：

中小学生参与家务劳动现状分析调查报告[①]

在网络时代，社会信息多元化，评价多元化，社会分工逐渐细化，社会竞争日趋激烈，望子成龙、盼女成凤的父母们给孩子的爱也越来越多。在这种父母要求多，社会需求多的情形下，孩子们要学习的内容也种类繁多，没有时间劳动，不愿劳动，逐渐远离劳动，日渐形成劳动能力低下的现象。例如：近些年某高中学校录取的新生中，60%以上的人不会自己挂蚊帐，许多高中生在入学前没有亲手洗过一件衣服。调查一个班 50 名学生，有 49 名不会缝补衣服，不会钉扣子。该县对这所重点中学初一年级的学生做过一次调查，结果表明，从没有洗过一件衬衫的占 79%，不能煮好一锅白米饭的占 84%，不会或不敢使用电饭锅、液化气炉的占 67%。又如对某小学一个班的调查，在全班 44 名学生中，家长每天给整理书包的占 39%，家长给洗手绢的占 66%，家长给洗脚的占 52.3%，家长给穿衣服的占 59%。由此可见，劳动这种人类生存的基本素质，中华民族的传统美德，正由于某些因素的影响而被淡漠，被弱化，被遗忘。这种劳动观念淡漠，劳动能力低下的不正常现象影响着孩子们的健康成长。

"劳动创造世界，劳动创造人类，劳动是人类的第一需要，不劳动者不得食。"这些观点反映了客观真理。要做一个真正的人，就必须爱劳动。爱劳动一直是中华民族的传统美德。为什么孩子们的生活自理能力差？他们的劳动意识和劳动能力每况愈下，究竟是什么原因？该如何继承和弘扬中华民族的美德？笔者对这些问题做了深刻的思考，以供探讨。

---

① 节选自：李倩．中小学生参与家务劳动现状分析调查报告[EB/OL]．（2011-03-16）[2023-05-16]．https://wenku.baidu.com/view/25cf93e9b24e852458fb770bf78a6529647d350a.html．

一、青少年劳动能力的现状

1. 在家里的状况

现在的青少年,大多数都是独生子女,在家里衣来伸手、饭来张口,很少干家务活或不干家务活。饭前不知道整理餐桌,拿碗筷,饭后更不知道收拾餐桌及刷锅洗碗,房间脏了不扫,油瓶倒了不扶,甚至自己的一些自理性劳动都推给父母。

2. 在学校的状况

小学里,爷爷奶奶接送心爱的孙子孙女,还有一些爷爷奶奶弓着腰在教室里替孩子们打扫卫生,或给孩子们记作业。到了中学,最令班主任头疼的是班里的卫生,学生们不会值日,不知做什么,做值日逃跑;还有很多学生记不住老师布置的作业,不做作业,抄作业,甚至花钱雇同学写作业。

二、导致青少年劳动能力低下的原因

1. 家庭因素

(1) 家庭劳动启蒙教育不恰当。

(2) 孩子小,怕添麻烦。如果孩子跟着洗衣服,跟着择菜,跟着擀饺子皮,跟着拿筷子、端碗等,很多家长就会说:"快去自己好好玩去,别弄脏了手和衣服,等长大了再学,这是爸爸、妈妈做的事。"父母这种认为孩子太小不适合参加劳动的意识,在孩子脱离劳动的行为中起到了催化剂的作用。

(3) 孩子学习忙,怕耽误时间。

(4) 心疼孩子,不让劳动。有一份关于各国中小学生每日劳动时间的统计显示:美国72分钟,泰国66分钟,韩国42分钟,法国36分钟,英国30分钟,中国只有12分钟。中国城镇的中小学生大约有50%不参加或每天只参加10分钟的家务劳动。德国法律明确规定:孩子必须帮助父母做家务,其中6~10岁的孩子要帮助父母洗餐具,给全家人擦皮鞋;14~16岁的孩子要负责擦汽车和菜园翻地;16~18岁的孩子要完成每周一次的房间大扫除。

(5) 生活富裕,没必要劳动。

(6) 用劳动惩罚孩子。

(7) 工种用贵贱来区分。

(8) 家长养育观念的狭隘性。

(9) 家长没有起到榜样作用。

(10) 家长劳动教育没有持续性。

2. 学校因素

学校劳动教育的缺失,也造成了孩子重学习、轻劳动的后果。学校在应试教育的压力下,过多追求成绩,忽视劳动教育,课程安排很满,没有时间安排劳动课、锻炼课,没有全面组织学生参加社会公益劳动,劳动最多也就是值日和大扫除。由于过多考虑人身安全问题,学生还没有擦玻璃的经验、技能及乐趣。

3. 社会因素

(1) 社会片面的成才观和用人观对青少年劳动能力低下起到推波助澜的作用。

(2) 社会主流观念的陈旧,不认同劳动最光荣。

三、培养孩子劳动能力的途径与方法(略)

四、劳动教育对孩子健康人格的影响(略)

例文二:

大中小学青少年劳动状况调研报告
——基于全国 **30** 个省份 **29229** 名学生的实证调查①

为了更好地了解大中小学青少年的劳动状况,为相关劳动政策的制定与实施建言献策,积极推动劳动教育的普及与升级发展,中国青少年研究中心"青少年学生劳动状况调研"课题组于 2021 年 1 月至 3 月通过问卷星平台,在全国抽取 13991 名中小学生、4783 名大学生、2196 名教师、9076 名家长开展了专项调研。在线完成问卷 30046 份,有效问卷 29229 份,涉及全国 30 个省自治区、直辖市。鉴于中小学生和大学生的认知差异,本次调研针对青少年学生的调查问卷分别设计,运用问卷星和 Stata16 软件对数据进行重点分析,并使用访谈资料和教师、家长问卷辅助进行分析。

一、青少年劳动状况调查问卷样本特征(略)

二、中小学生劳动状况及影响因素分析

对中小学生而言,可以接触的劳动类型主要有家务劳动、校内劳动、社会服务(公益)劳动。因此,调查主要聚焦他们参与这几种劳动的情况。

(1)家庭劳动时间不足,劳动类型受限。教育部印发《大中小学劳动教育指导纲要(试行)》中明确指出,中小学每周课外活动和家庭生活中的劳动时间,小学 1~2 年级不少于 2 小时,其他年级不少于 3 小时。统计发现,超过 85.3% 的中小学生每周平均家务劳动时长在 2 小时及以下,其中 67.52% 为 1 小时及以下,34.92% 不超过半小时(见图 8-2)。这说明大部分受访中小学生平均每周家务劳动时间不足。在具体的劳动方式上,受访的中小学生穿衣穿鞋、洗澡、洗脚、整理书包文具、整理床铺、整理衣物、盛饭菜等个人事务劳动参与比例都超过 60%,而洗衣服不足 50%,其他类型仅在 25.6%。总体来看,中小学生的个人事务做得比较好,但是在洗衣服这类可能被家长包办的事务上表现得不理想。(略)

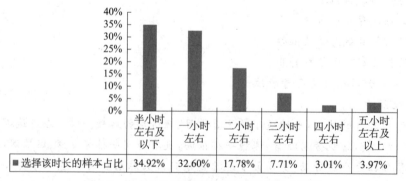

	半小时左右及以下	一小时左右	二小时左右	三小时左右	四小时左右	五小时左右及以上
■ 选择该时长的样本占比	34.92%	32.60%	17.78%	7.71%	3.01%	3.97%

图 8-2 中小学生周平均家务劳动时长分布情况

① 节选自:王玉香,杨克,吴立忠.大中小学青少年劳动状况调研报告:基于全国 30 省份 29229 名学生的实证调查[J].中国青年研究,2021(8):41-49.

（2）学校劳动时间不足，复杂精细劳动参与度不够。中小学生在校劳动的时长也呈现了与家务劳动类似的分布：周平均在校劳动时长不超过 2 小时的为 85.77%，其中有 69.87% 不超过 1 小时，37.36% 不超过半小时（见图 8-3）。这说明中小学生在校劳动的时间严重不足。（略）

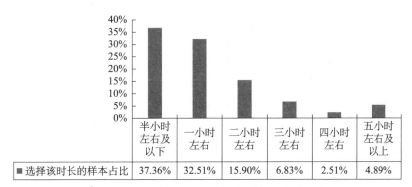

	半小时左右及以下	一小时左右	二小时左右	三小时左右	四小时左右	五小时左右及以上
■选择该时长的样本占比	37.36%	32.51%	15.90%	6.83%	2.51%	4.89%

图 8-3　中小学生周平均在校劳动时长分布情况

三、大学生劳动状况及影响因素分析（略）

四、青少年劳动状况的结论及相关建议

1. 主要结论

通过对中小学生和大学生的调查，本研究有以下发现。

（1）中小学生的劳动参与类型缺乏多样性，劳动时间不足，劳动激励与条件不足；

（2）大学生群体的劳动参与意愿多数处于中等偏上水平，更多愿意从事家庭劳动，偏好脑力劳动职业。

基于以上现象的背后机制分析……

2. 关于劳动教育的建议

基于本研究发现，依据有关劳动教育的政策要求，结合现实情况与其他研究成果，本课题组提出以下建议。

（1）实现学校、家庭、社区劳动教育合作，建构联动机制。

（2）加强劳动教育宣传，倡导劳动光荣的良好社会风尚。

（3）积极发挥评价机制作用，全面推进学校劳动教育的开展。

（4）加强学校劳动教育，突出劳动教育开展的针对性。

（5）加强家庭劳动教育的指导，提升家长劳动教育水平。

（6）加强社会劳动教育，将劳动教育下沉到基层社区。

（7）加大体力劳动与创新劳动教育力度，强化相关素养培育。

（8）积极开展劳动教育的研究，提升劳动教育科学化水平。

（9）加大支持社会组织参与劳动教育的力度，推进劳动教育专业化、社会化。

📖 任务指导

比较两篇调查报告，第一篇存在很多问题，第二篇是一篇优秀的调查报告。

撰写调查报告,厘清思路、安排结构是一项十分重要的任务。要做好这一点,必须以充分的调查研究为前提,在开展课题研究之初就应弄清"为什么研究""研究什么""如何研究"这些基本问题。设计问卷时,问题的设计就应紧紧围绕中心,将各种问题"弥纶一篇""杂而不越"。本案例的两篇调查报告的差异,说到底是研究工作是否深入、到位的差异。

例文一的问题突出表现在以下三个方面。

(1)思路不清。报告分成四个部分,第一部分说明青少年劳动能力的现状;第二部分分析导致青少年劳动能力低下的原因;第三部分提出了培养孩子劳动能力的途径与方法;第四部分分析了劳动教育对孩子健康人格的影响。前三部分可看作现状描述、解释原因和提出对策,第四部分是画蛇添足。

(2)概念表述混乱。标题是"中小学生参与家务劳动现状分析调查报告",而第一部分主要介绍"青少年劳动能力的现状",很显然中小学生和青少年并不是同一概念。第三、第四部分又将调查对象表述为"孩子",显然,中小学生和"孩子"的概念也不能相互替换。在撰写调查报告时,要界定一些主要概念的含义,才能使报告的思路清晰、文笔流畅。

(3)缺乏有力的调查数据。在第一部分的现状描述中,虽然分别描述了家里和学校学生的劳动情况,但没有具体的数据支撑,只是泛泛地描述现象。在第二部分的原因分析中也存在相同的问题。全文只在导言部分引用了"近些年某高中学校录取的新生的劳动情况"的数据,并得出"由此可见,劳动这种人类生存的基本素质,中华民族的传统美德正由于某些因素的影响而被淡漠,被弱化,被遗忘。这种劳动观念淡漠,劳动能力低下的不正常现象影响着孩子们的健康成长"的结论,数据并不能成为对中小学生参与家务劳动现状分析的支撑。

例文二思路明晰,数据推理可信,论证严谨,文笔流畅。从文中可以看出,作者非常重视调查设计,从样本的选择到分析的方法,在导言部分都有清晰的说明。

对"大中小学青少年劳动状况"的认识和理解也非常严谨,考虑到年龄差异和接触到的劳动类型的不同,作者将现状调查分为"中小学生劳动状况及影响因素分析"和"大学生劳动状况及影响因素分析"。如对中小学生而言,可以接触的劳动类型主要有家务劳动、校内劳动、社会服务(公益)劳动。因此,调查主要聚焦他们参与这几种劳动的情况。对不同类型家务劳动的概括,既准确,又清楚。

除此之外,对每个问题的描述也很有条理。如讲大中小学生劳动状况及影响因素分析之前,先讲"青少年劳动状况调查问卷样本特征",最后讲青少年劳动状况的结论及相关建议,不枝、不蔓、不乱。能做到这一点,除了重视弄清主要概念的内涵与外延外,同问卷设计的问题是否有条理也密切相关。这篇调查报告除了思路、条理清晰外,还有一个优点就是重点突出。作者描述大中小学生劳动状况之后,着重分析说明了影响因素。因此,它提出的建议比较有针对性、有分量;而例文一,对青少年劳动能力的现状描述不甚了解,建议和措施也就非常一般化了。

必备知识和技能

一、调查报告标题的类型与写法

对于调查报告来说,标题是作者表达观点、引起读者注意的关键要素之一。标题简明生动、准确合适往往能够直观表明作者的目的,也容易引起读者的兴趣,而复杂、晦涩的标题则会使读者不明所以,产生混乱甚至反感的心理。目前,应用较多的标题形式主要有四类。

1. 陈述式标题

陈述式标题即直接在标题中陈述调查的对象及调查的问题,例如"当前大学生就业问题调查""我国城市居民对政府政务公开的满意度调查""×市市民生活质量调查"等。这种标题的优点是简单明了、浅显易懂,可以使读者一看就能大致了解报告要呈现哪方面的内容;缺点是过于单调,难以引起读者的兴趣。这类标题多用于学术性调查报告和应用性调查报告。

2. 结论式标题

结论式标题即用某种结论式的语言或警句、格言、判断句等作为标题。例如"大学生就业面临挑战""社会关系网络对志愿性社区参与意愿的影响效应""居家养老是未来主要的养老模式""资金问题是我国当前社会组织发展面临的巨大挑战"等。结论式标题的优点是在标题中直接表明作者的结论或观点,具有较强的针对性,且十分醒目;缺点是理论色彩较浓,难以引起读者的兴趣。这类标题一般多用于学术性调查报告中,用于应用性调查报告的情况较少。

3. 问题式标题

问题式标题即以一个问题作为标题,例如"中国城市化如何少走弯路?""中国人的钱流向哪里了?""他们为什么选择丁克?"等。这类标题的优点是以疑问的形式提出,很容易吸引读者的好奇心和注意力,有利于挑起读者进一步阅读的欲望;缺点是不太正规,多用于一些报刊和大众读物上的调查报告中,有时也用于应用性调查报告中,学术性调查报告极少采用此类标题。

4. 双标题式标题

双标题式标题由主标题和副标题共同构成调查报告的标题。在这种标题中,主标题和副标题的形式不定,有时均采用陈述式,有时主标题为结论式或问题式、副标题为陈述式。例如"青年农民工的择业观缘何变化——北京市青年农民工择业观调查""社会工作、管理模式与有效预防重新犯罪分析——基于十省市社区矫正调查""工作与家庭冲突、性别角色与工作满意度——基于第三期中国妇女社会地位调查的实证研究"等。这种类型的标题兼具以上三类标题的优点,具有更好的适用性,无论什么类型的调查报告都可采用这种形式的标题。

以上4类标题形式基本涵盖了目前各种类型的调查报告标题,各有优缺点,要视调查报告的具体类型斟酌选用。但无论标题的写法如何灵活多样,我们都要秉承一个原则,即"文要对题",切不可以为了单纯追求标题格式而忽略了标题与调查报告内容的契合度,更不能为了引起读者的注意而使用超出调查报告内容的标题。

二、调查报告导言的构成与写法

调查报告的第一部分称作导言,它的主要任务是向读者简要介绍整个调查的有关背景。导言通常包括两方面的内容。

(一) 研究的问题及其背景

调查报告应以对所提问题的描述开始。因为,正是这一问题启动了我们所进行的调查研究。即要清楚地陈述你所研究的问题是什么,以及你为什么选择这一问题做研究。同时,不管你研究的是一个有关人类行为的简单经验问题,还是一个有关当前社会现实的问题,你都必须将这一问题放到一个较大的背景中,以便读者了解为什么这个问题十分重要。具体写法有下列几种常见的方式。

1. 直述调查主旨

直述调查主旨即开门见山,平铺直叙,直接把调查的背景和主旨一一写出。例如:

"二十年来,广场舞已成为中国普通百姓尤其是初老龄女性积极参与的一种大众文化现象,并因此备受学界的关注。与现有研究侧重于描述"集体取向的共同体行为(Chen,2010)、闲暇娱乐品味(于佳媛,2017)、文化实践与认同(Qian,2014)、公共空间(Xing,2010)"等视角不同,本文尝试以亚文化理论为分析视角,从表意、拼贴和同构三个维度,探析上海城区初老龄广场舞群体的基本特征及其机制。"[①]

2. 提问设置悬念

先描述某种社会现象和社会问题,然后对这种社会现象和社会问题产生的原因及它的影响等提出一系列疑问,最后介绍调查的基本情况。例如:

"随着我国经济和社会的转型,城市青年初婚年龄不断推迟,未婚青年群体规模逐年扩大。未婚青年们一方面承受着婚姻时间议程的压力;另一方面还承受着结婚的经济压力,特别是准备婚房的压力。对于这些压力所产生的后果,研究者们发现,未婚青年在精神健康和生活满意度方面比已婚青年更差,幸福感也更低。而结婚则能够提升青年的主观幸福感,特别是提升大龄青年的幸福感。在已婚人群中,上嫁的女性精神健康和生活满意度也更好。然而,这些研究多侧重描绘未婚青年所面临的精神健康问题或生活困境,缺乏对影响因素的有效分析。都市未婚青年存在何种程度的精神健康问题和生活困境?在社会经济急剧转型时期,婚姻时间议程及住房产权是否会影响未婚青年的精神健康?是否影响他们的生活满意度?这些影响在性别层面是否存在着异质性?本研究针对以上问题,对上海市×区居民进行了抽样调查。"[②]

3. 写明调查结论

这种方式是在提出问题的同时,直截了当地写明调查结论,一针见血,然后在报告的

① 周怡."大家在一起":上海广场舞群体的"亚文化"实践:表意、拼贴与同构[J].社会学研究,2018,33(5):40-65,243.

② 陈伟.都市未婚青年的精神健康及生活满意度:来自"上海都市社区调查"的发现[N].华东科技大学学报,2020.

主体部分用调查资料对这一结论进行论证。例如：

基于第三期中国妇女社会地位调查这一具有全国代表性的大规模抽样调查数据，研究了"工作—家庭"冲突对工作满意度的影响，并特别关注了性别角色在其中产生的特殊作用。数据表明，来自工作和家庭两方面的压力确实会使女性员工陷入更严重的"工作—家庭"冲突，女性员工也更可能因为工作影响家庭而对工作不满。[①]

研究问题的提出是撰写调查报告的起始，必须向读者简明扼要地呈现所研究的问题并衬托出问题研究的迫切性，体现其价值意义。这个"头"能否开好，直接关系撰写调查报告的全盘工作能否顺利进行。风笑天教授在《社会学研究方法》一书中提出的三项规则可以帮助我们有效地写作导言部分。第一，尽可能用通俗的语言撰写，少用专业术语。第二，不要把毫无思想准备的读者拉进你的问题或理论之中，要一步一步地把一般性的读者引入对特定问题的正式的或理论化的陈述中来。第三，用例子说明理论观点，或者用例子来辅助介绍理论性的或技术性的术语。

（二）文献述评

在提出研究的问题及背景后，我们就需要对在这一领域中已发表的研究结果和结论进行总结和评论，这就是文献述评。文献述评在学术性调查报告中是不可缺少的一部分，但在应用性的调查报告中却不是必需的。文献述评既可以单独列为一个部分，也可以并入导言。通过对相关研究文献进行梳理和总结，通过文献回顾，可以使我们了解相关领域已有的研究结果和结论。需要说明的是，研究者一般应在调查研究准备阶段完成对相关文献的查阅和梳理工作，也应对相关研究状况进行较为系统的了解和把握。在撰写调查报告时，研究者应在前述工作的基础上有针对性地对相关研究成果进行系统的描述和评论。

文献述评的撰写要遵循针对性、精确性和简明性原则。首先，我们不需要对所有研究文献都加以评述，这样做既不现实也没有必要，我们应该尽量选取与研究密切相关的研究文献进行分析；其次，我们必须选取准确的材料加以客观叙述，并消除个人的成见对其进行评论，说明其对研究有哪些可借鉴之处，分析其还存在哪些需要深化的地方；最后，在述评方式上，要尽量简化语言，不能简单复述文献相关内容，而是要结合研究的主题总结那些相关的基本情况，如思路、方法和主要结论，并进一步对其作简要的评论。述评方式通常有两种方法：一种是先述后评；另一种是边述边评。无论采用哪种方法，最后一般都要进行总结性评论。

下面是关于"精神健康"文献述评的节选实例。

精神健康通常指人们在焦虑、抑郁等方面的情绪和感受。一个人的焦虑感越强或抑郁感越强，往往被认为精神健康状况越差。精神健康和身体健康一同构成了衡量人们是否健康的指标。生活满意度通常指个体各方面的需求和愿望得到满足时产生的主观满意程度，是衡量生活质量的重要维度之一。精神健康和生活满意度揭示了人们内在心理及日常生活的感受，两者存在着紧密联系，已有研究往往同时讨论。比如，郑晓冬等讨论过

① 许琪，戚晶晶．工作—家庭冲突、性别角色与工作满意度：基于第三期中国妇女社会地位调查的实证研究[J]．社会，2016，36：60-62．

"空巢青年"的精神健康和生活满意度;雷晓燕等则关注婚姻匹配模式对人们生活满意度和精神健康的影响;瞿晓敏的研究发现,精神健康在一定程度上是影响生活满意度的媒介。梳理已有的关于未婚青年群体精神健康和生活满意度的研究,主要有如下发现。在精神健康方面,无论是总体结果还是群际比较结果,未婚尤其是独居的"空巢青年"的抑郁程度更高,生活满意度与幸福感也更低,而且男性青年的精神健康和生活状态相对更差。特别是当单身状态是条件所迫而非主动选择时,未婚青年的精神健康状况尤其差。在生活满意度方面,婚姻对幸福感有显著的正向影响。未婚青年的生活满意度更差,单身青年的生活满意度显著低于已婚人群。在缺乏社会和家人支持时,青年群体生活满意度普遍较低。总体而言,未婚青年在精神健康和生活满意度方面均相对较差。然而,这些研究过多关注婚姻的效用,对婚姻观念的潜在影响则分析不足。在我国社会和经济转型过程中,婚姻观念的转变和个体化的扩张,使未婚青年群体在转型过程中同时面临文化的冲突和经济的压力。这些压力可能会影响未婚青年群体的精神健康和生活满意度。曾有研究指出,青年人的精神健康及生活满意度与其承受的压力密切相关,压力越大越容易产生负面情绪。①

三、调查报告主体的写法

调查报告的主体部分是容纳大量材料和结果的部分,关键在于如何恰当地进行组织和安排。一般来说,调查报告的主体部分包括两部分内容:一是对调查对象进行叙述,真实准确地列举调查所得的确凿事实、典型事例和具体数据。二是进行分析论证。对资料进行客观的定性与定量分析,把它上升到理论高度,或证实一种观点,或推翻一种观点,提出自己的新观点。这部分的写作既要防止单纯罗列材料,也要防止过多的议论和说理。

(一)一般调查报告的主体部分

一般调查报告的主体部分通常包括三个方面的内容:一是情况描述;二是问题分析;三是对策建议。情况描述主要解决"是什么"的问题,即状况如何,包括对研究主题相关基本状况的客观叙述,阐明其性质和特征,当然,这些内容应该是基于对调查资料的分析得出的;问题分析主要解释"为什么"的问题,即为什么会产生这种状况,是在情况描述的基础上对现象各要素之间的相互关系所做的分析,起到解释现象的作用;对策研究部分则解决"怎么办"的问题,是在问题分析的基础上提出解读问题的对策建议,在应用性调查报告中尤其是在起决策参考作用的报告中,对策部分是十分重要的。

普通调查报告主体部分的结构有下列三种常见的形式。

(1)纵向结构式,即按照时间的先后来组织和安排,以突出某一现象或问题的发展过程,或者反映不同时期的变化与差别。

(2)横向结构式,即主要依照调查的内容及逻辑层次来设计主体的内容结构,以突出某一社会现象在诸多层面的内容。

---

① 陈伟. 都市未婚青年的精神健康及生活满意度:来自"上海都市社区调查"的发现[N]. 华东科技大学学报,2020(1).

（3）纵横结合式，即将上述两种方式相结合，以一种方式为主，常用于较大规模调查的调查报告中，以便反映比较复杂的内容。

（二）学术性调查报告的主体部分

学术性调查报告的主体部分通常包括方法部分、结果和讨论部分。

1. 方法部分

方法部分是学术性调查报告最关键的部分之一。专业领域的读者不仅会关注报告的研究结论，也会关注实际研究是如何设计和开展的，因为科学的方法及严谨规范的分析方法和步骤是他们评价研究结论是否准确和研究是否具有价值的重要标准。因此，方法部分的主要任务及内容就是阐述研究所采用的方法和技术手段，主要包括以下三个部分。

（1）研究设计。在这一部分中，主要介绍研究的思路、理论基础和实证分析框架等研究的总体设计情况。

（2）资料收集的方法和过程。在资料收集方法这部分，主要介绍具体采用哪种资料收集方法，如是采用问卷法、访谈法、观察法，还是几种方法联合运用等。在资料收集过程这部分，要介绍在调查研究中抽样方案是如何设计的、抽样是怎样操作的、问卷是通过何种方式发放回收的、访谈是采用哪种方式进行的以及问卷回收状况等。

（3）资料分析方法。由于调查方式和资料收集方法的不同，不同的调查报告的资料分析方法也不同，因此有必要在方法部分介绍资料分析过程和方法。

2. 结果和讨论部分

在学术性调查报告中，对调查结果的总结和分析通常归入结果部分，在篇幅较长的学术性调查报告中，还需要独立的讨论部分。在结果部分，内容结构往往是先描述状况，然后总结特征和问题，进而分析原因。在写作思路上，也应按先总体后个别和先大后小的顺序展开，即先给出总体一般的状况和特征，然后进一步展现更细小的结果；先给出结论，再用证据支撑；先陈述每个方面的结果，再进行小结，而后继续下一个方面的结果的陈述和小结。

讨论部分是针对结果部分的再总结，以及对研究的总体过程和状况进行说明和反思，或者进一步提出需要深化的地方。讨论部分还包括对于研究仍未能回答的那些问题的讨论，对于在研究中出现的新问题的讨论，以及对有助于解决这些问题的研究建议等。在实际发表的学术性研究报告中，相当一部分是以对进一步研究的建议来结束研究报告的。

四、调查报告的摘要、关键词和附录的写法

1. 摘要

摘要是对报告内容的简短而全面的概括，是整个报告最重要的组成部分。摘要的作用有二：一是使读者大概了解进行该调查的目的、基本过程、研究方法和主要结论，然后决定是否要阅读全文；二是当报告在期刊上发表之后，摘要就会进入相关的数据库，为进一步研究提供方便。摘要位于标题之后，关键词之前，但摘要的写作却是在完成调查报告之后才动笔的，因为摘要应能客观准确地反映调查报告的目的与主要内容，是对整个调查报

告的概括,具有高度的信息浓缩性。同时,为适应作为各种数据库检索对象的需要,又要具有可读性,摘要结构应完整并能够独立成篇。因此在撰写摘要时要一字一句地斟酌,做到语言既通俗、精练,又能最大化地提供报告的信息。

中国人文科学引文数据库等对各类学术期刊稿件的摘要规范有明确要求:要接置"作者单位"下,前用"摘要"二字加冒号标出,限 200 字以内,应含全文的主要信息。摘要既是全文的缩写,也是主要观点的摘写,应用高度概括的语言写出。内容包括研究目的、方法、结果、结论。摘要应以第三人称来写,且其中不要出现"本文介绍了""作者认为""我们"等用语。下面是一个摘要的例子。

本研究利用 2015 年"第四次中国城乡老年人生活状况抽样调查"数据,从"生理—心理—社会—经济"四元假设理论加以构建研究思路,采用二元"Logistic 回归"和"Poisson 回归"分析方法对其北京数据涉及居家服务项目进行数据分析。研究发现:北京市女性老年人使用居家服务项目倾向高于男性老年人;受教育程度越高的老年人,越倾向于使用居家服务项目;随着年龄的增加,行动能力的下降,老年人对康复护理需求会有所增加;独居老年人较非独居老年人更少使用居家服务项目;农村老年人上门看病比例远大于城区老年人;值得关注的是老年人心理孤独感对众多居家服务项目使用影响都很显著,孤独感越强,越倾向使用居家服务项目;此外,子女数量、户籍类型、自理能力、护理需求也都对居家服务项目使用影响非常显著。从统筹城乡居家养老发展来看,农村地区虽然养老资源有限,但仍具有若干发展居家养老服务模式的先天优势。研究分析结果可以为居家养老提供供需分析、供给侧结构性改革,以及提供促进有效供给的依据。[①]

2. 关键词

关键词也称主题词。关键词是用来表达文献所论述和研究的具体对象和问题,即主题内容的词或词组。关键词是直接从文章的文题、摘要和正文中抽取出的,它是反映文章核心思想观点的词和词组。主要是为计算机储存和检索服务的,以便文献的标引。中文关键词在中文摘要之后,另起二行,先写黑体"关键词",空一格后列出 3～5 个关键词,各关键词间也空一格,一般不加注标点符号。

《当代大学生对榜样教育认知情况的调查报告——以重庆市高校为例》一文的摘要为:以重庆市高校青年学生为例,开展调查问卷、深入访谈,发现新时期青年大学生对榜样认知呈现出在社会主流价值观基础上向多元、时尚、自主方向发展的新特征。而现阶段榜样教育仍存在宣传方式单一、效果不佳等问题。以此为基础,探索榜样教育的新路径,整合大学生榜样教育环境;尊重大学生的个性要求;树立多元化的榜样群。关键词为:大学生、榜样、认知。

3. 附录

调查报告的附录部分是将一些与该项研究或研究报告有关,与研究主题和研究结论的联系相对松散,但内容又相对独立,主要对研究过程或研究报告中的某些细节进

---

① 于泽浩. 北京市老年居家服务项目使用影响因素及有效供给分析:以 2015 年"第四次中国城乡老年人生活状况抽样调查"北京数据为基础[J]. 兰州学刊,2019(7):102-106.

行解释和说明的材料集中编排在一起,放在报告的后面,作为正文的补充。它与调查报告的主体分开,既不影响读者阅读调查报告,又可以帮助读者更好地了解调查研究的细节。通常作为附录的资料主要有:引用资料的出处,调查问卷或量表,调查指标的解释或说明,计算公式和统计用表,调查的主要数据,参考文献,典型案例,名词注释、人名和专业术语对照表。

五、撰写调查报告应注意的问题

(一)行文要则

1. 用简单平实的语言写作

调查报告与新闻报道和文学作品不同,它的撰写强调的是报告的客观性、严密性、简洁性。因此,在行文时,应以一种向读者报告的口吻撰写,尽量用平实的语言写作,以简单明了、科学严谨为标准,清楚明确地表达调查的结果。

2. 陈述要客观真实,避免主观色彩

不要表现出力图说服读者同意某种观点或看法的强硬倾向,更不能把自己的观点强加于人,力求避免使用主观色彩或情感色彩较浓的语句。在调查报告中,叙述最好使用第三人称或非人称代词,尽量不用第一人称。

3. 善用图表、数据说话

统计图表可以起到以下作用:一是将各种有关的数据组合在一起,以非常简明直观的形式提供给报告的读者,从而大大方便读者系统地查阅资料;二是可以帮助读者迅速而容易地理解有关现象的对比结果、各种变化的趋势及其相互关系。

(二)引用与注释

调查报告中有时需要援引别人的论述、结果、资料或数据,来支持、佐证或说明自己的某种观点或结论。凡是引用别人的资料,一定要加以注释。注释的作用主要有:指出所引用资料的来源,供读者参考查证;表示作者遵守学术道德,不把别人的成果掠为己有;既可帮读者解释报告中的疑难,又不使报告中断和过于冗长。

注释有三种形式,夹注、脚注和尾注。夹注是在直接引用资料后,用括号将来源和有关说明括起来,对引文进行注释或提示;脚注是在所引用的文字后面加注释号,在此页的最下面,用小一号的字体说明引文的出处,或者作出解释;尾注是在所引用的文字后面加注释号,将所有的解释和引文出处在文章结尾处一并列出。

知识拓展

结果呈现与方法运用——141 项调查研究的解析

作为一种高度结构化、程序化、数量化的社会研究方法,调查研究无法回避科学方法论对其严格、详细的程序检验。在这方面,调查研究与来源于自然科学的实验研究十分相似,而与脱胎于人类学的实地研究则相去甚远。因此,笔者认为,有必要特别强调调查研

究的结果呈现中对方法的介绍问题。在调查研究报告中,我们应该提供什么信息?为什么要提供这些信息?这是我们应该明白的重要问题。调查研究的结果和结论当然应该是我们介绍的重点。但是,除了研究的背景、理论框架、研究的目标、研究结果及结论以外,我们还必须在研究报告中向读者提供有关调查对象的抽取(即关于总体与样本)、概念的测量(即关于变量与指标)、资料数据的来源(即关于收集方法)以及资料数据的处理(即关于统计分析方法)等方面的信息。规范的做法是:在研究报告或论文中,一定要专列一个独立的部分来介绍自己的研究方法,即要有一个在诸如"资料与方法""样本与资料"或"研究设计""研究方法"之类的小标题下列出的专门一节。在这一节中,研究者要清楚、明白、如实地向读者介绍自己的研究方法和研究过程中各种操作的关键环节。这种专门介绍,不是教条,不是框框,也不是"洋八股",而是科学研究论文的必备条件,是其结论成立的前提和依据,也是研究者科学精神和科学态度的一种体现。它既可以在一定程度上约束研究者的研究行为,也可以使读者和同行切实了解作者所得出的研究结论的正确性、普遍性和适用性。本文的解析表明,目前国内研究者在调查研究方法的运用上已越来越成熟,越来越规范。但是,缺少对研究方式、方法和过程的说明,仍然在一定程度上反映出我们对调查研究方法的运用还缺少某种认识,缺少某种意识或修养。从更高的标准来看,在重视了研究结果中对抽样方法、变量测量方法,以及资料收集方法等进行介绍和说明的同时,我们还应对与这些方法的运用密切相关的其他问题有更深入的认识。比如对抽样中的"一般总体、调查总体与调查样本之间的关系""研究目标与抽样方式的选择""样本规模的确定依据""无回答比例的分析""抽样设计的理想目标与实践中的各种困难""样本结构的分析及样本质量的评价"等;变量测量中的"概念操作化的多样性与相对性""指标的选择及其理论的或经验的依据""具体指标的效度与信度衡量"等;资料收集中的"匿名性的正确运用""访谈过程的质量监控策略""不同接触方式的效果""不同类型调查人员的影响"等,以及统计分析中"对多元统计方法的误用、错用和滥用""对统计分析结果的正确解释""统计分析与理论分析的关系及其结合"等。研究者只有对研究过程、操作效果、方法局限等方面做到心中有数,才能在得出调查结论时做到实事求是、恰如其分。

(资料来源:风笑天,《结果呈现与方法运用——141项调查研究的解析》社会学研究2003年第2期。)

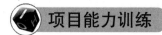 **项目能力训练**

(1) 请认真阅读下面一段话,分析这段话分几个层次,每层的中心思想是什么?

大学生是优秀传统文化传承发展的重要力量。大学生对优秀传统文化的认同,可以分为合法性认同、情感性认同、现实性认同和实效性认同。本次调查结果表明:大学生的优秀传统文化认同处于高认同水平。其中合法性认同最高,之后依次为情感性认同、现实性认同和实效性认同。在影响因素方面,家人对传统节日和传统礼仪习俗的重视、大学生对微信公众号和微博新闻阅读的频率、同学对传统文化的兴趣,显著增强了大学生的优秀传统文化认同,学校教育因子的作用有待进一步发挥。本次研究结果对增强大学生的优秀传统文化认同有以下启示。第一,在家风建设中融入优秀传统文化因素,增强优秀传统文化的继承性认同。继承性认同是指从家庭或其他前辈继承下来的认同。家庭支持因子对大学生优秀传统文化认同的影响力大，说明家庭是大学生优秀传统文化继承性认同的重要来源。文化是一种生活方式，这种生活方式在家庭中，主要通过家人的思想言行和家风的营造表现出来。将优秀传统文化中有助于家风建设的因素挖掘出来并充分利用，可以增强大学生的继承性认同。第二，在改革创新中化学校教育的主阵地为主效应，提升优秀传统文化的获得性认同。获得性认同是指通过后天接受教育、自己努力和个人经历获得的认同。学校是实现优秀传统文化获得性认同的主要阵地，其途径多但作用没有得到充分发挥。对此，学校应做好改革与创新，重视激活讲座、课程、社团和假期实践活动的作用，并发挥思政课教师和专业课教师的主导作用。一般而言，高校在传统文化教育中需要解决认识问题、内容问题和途径问题。鉴于当前高校传统文化教育的途径多这一实际，可以重点从认识问题和内容问题着手。以重构人们对优秀传统文化的认知为目的，以保障优秀传统文化内容有效供给为重点来增强教育效果。第三，充分重视大众媒介的积极建构作用，避免因污名化而产生拒斥性认同。拒斥性认同即拒绝、排斥对传统文化的认同，甚至对其蔑视、诋毁。媒介对大学生的优秀传统文化认同既有建构作用，也有解构作用。全媒体时代，各种社会思潮、多元思想观念、西方文化霸权等通过媒介给传统文化带来的各种污名化正是解构作用的表现，会使大学生产生拒斥性认同。因此，要用好大众媒介对传统文化的积极建构作用，充分利用好微信公众号和微博为大学生提供优质的传统文化信息资源，引导大学生养成经常阅读新闻的好习惯，也是提升其优秀传统文化认同的基本思路。

（2）从社会科学刊物上查找几篇调查研究报告，分析一下他们的结构。

（3）查找几篇通俗刊物上的调查报告，看看它们与学术期刊上的调查报告有何不同？

（4）以下文章摘要有何不妥？请指出并修改。

良好的心理素质是制约学生心理健康、学业和社会性发展的关键因素。基于对在校大学生的在线调查数据，本文系统调查了我国当代大学生心理素质的现状特点和影响因素，我们发现大学生心理素质总体上正向积极，但各维度发展不均衡。其中，个性品质发展良好，认知品质与适应能力发展欠佳；大学生心理素质在性别、年级、地区、家庭居住地及有无留守儿童经历等方面均存在显著差异；学校、家庭及同辈群体是影响大学生心理素质形成和发展的重要近端环境因素；大学生心理素质显著影响其心理健康、社会适应和学业发展，对大学生整体发展起着内在基础性作用。作者认为培养大学生健全良好的心理素质，应充分认识心理素质对学生发展的重要基础性作用，重视大学生心理素质发展的群体特点与个体差异，贯彻因材施教策略，充分发挥同辈群体的积极教育功能。

项目综合训练

以下两类调查报告的写作框架（表 8-1 和表 8-2），运用本项目所学的知识，撰写社会调查报告初稿。

扫描二维码下载项目综合实训内容，可结合实际调整内容和格式。

表 8-1　写作框架 1

报告题目		
摘要		
关键词		
一、引言	选题来源、研究意义、研究现状、本研究主题及目的	
二、研究方法	（一）研究对象	
	（二）研究工具	
	（三）研究步骤	
	（四）数据分析方法	
三、结果		
四、结论及建议	（一）结论	
	（二）建议	
参考文献		

表 8-2　写作框架 2

报告题目		
文献回顾与问题提出		
一、研究设计	数据来源	
	变量设计	
二、研究结果		
三、结论与启示		

撰写调查报告

附录 问卷实例

2019 年×市外来务工人员就业状况调查

S. 甄别部分

问 题	选 项	答 案
S4. 您的户籍类型是？（单选）	21. 外地非农业户口　22. 外地农业户口	—
S2. 性别:(单选)	1. 男　2. 女	—
S3. 您的最高学历是？（单选）	80. 小学及以下　70. 初中　60. 高中　62. 职业高中、技工学校、中专　31. 高级技工学校、技师学院　30. 大学专科和专科学校　20. 大学本科　10. 研究生及以上	—
S31. 您是否为应届毕业生？（单选）	1. 是 2. 否	—
S6. 请问您出生于____年____月？	—	—
S101. 请问您是否是退休人员？	1. 是 2. 否	—
S104. 请问您退休后是否想继续就业？	1. 是 2. 否	—
S7. 请问您在调查时点前一周属于以下哪类人员？（单选）	1. 短期来×探亲、旅游、学习、看病人员(终止访问) 2. 从业人员　3. 无业人员→跳转 S9　4. 无劳动能力人员(终止访问)	—

续表

问　题	选　项	答　案
S8. 您属于以下哪类在职人员？（单选）	1. 务工人员→跳转 A1 部分（如果是建筑行业的,同时填答 D 部分）　2. 经商人员→跳转 A2 部分　3. 自营工作者→跳转 A3 部分　4. 务农（农闲时从事其他工作请说明_____）（终止访问）	—
S9. 属于以下哪类无业人员？（单选）（S7 选 3 者填答）	1. 在校学生（终止访问）　2. 离退休未从业人员（终止访问）　3. 家务劳动者→跳转 B 公共部分　4. 无就业愿望的其他人员→跳转 B 公共部分　5. 有就业愿望但近三月内无求职行为人员→跳转 B 公共部分　6. 有就业愿望且近三月内有求职行为人员	—
S10. 如达成就业意向,能否在收到聘用通知后的两周内到岗？（S9 选 6 者填答）	1. 是→跳转 A4 失业部分　2. 否→跳转 B 公共部分	—

A1. 务工人员填答（S8 选 1 者填答）

问　题	选　项	答　案
A101. 您单位的性质是什么？（单选）	1. 国家机关　2. 事业单位　3. 企业单位　4. 个体工商户　5. 社会团体　6. 民办非企业机构　7. 其他	—
A10112. 您就职的单位主要开展哪些类型的业务？	—	—
A102. 您在单位属于哪类人员？（单选）	10. 行政管理人员　20. 专业技术人员　30. 办事人员及有关人员　40. 商业、服务业人员　51. 农林渔水利业生产人员　52. 生产、运输设备操作人员及有关人员　70. 不便分类的其他从业人员	—
A104. 单位与您的雇佣方式是？（单选）	1. 全日制　2. 非全日制　3. 劳务派遣	—
A105. 您与单位是否签订了书面的劳动合同？（单选）	1. 没签　2. 签了，期限为___月　3. 签了，无固定期限　4. 签了，以完成一定工作任务为期限	序号___　___月

问 题	选 项	答 案
A11031. 上月您是否加班了?	1. 是 2. 否→跳转 A1082	—
A11032. 您拿到加班工资或补休了吗?	1. 都拿到加班工资了 2. 部分拿到加班工资了 3. 没有拿到加班工资,但按规定补休了 4. 没有拿到加班工资,也没有安排补休 5. 其他	—
A1082. 您最近一次更换工作是?(单选)(A11031 选 2 者填答)	1. 半年内 2. 半年前 3. 1 年前 4. 2 年前 5. 3 年前 6. 5 年前 7. 10 年前	—
A109. 您通常更换工作的原因是什么?(多选,限选 3 项)	1. 个人能力不足 3. 工作时间长、强度大 4. 工作危险性高、环境恶劣 6. 薪酬、福利水平太低 7. 不能按时发放工资 8. 用人单位不给上保险 9. 不签订劳动合同 10. 不解决食宿问题 16. 其他(请注明____)	—
A110. 您在以往的求职过程中,认为下面哪些方面(曾经/目前)是您找工作的障碍?(多选,限选 3 项)	1. 个人能力不足 3. 缺乏工作经验 6. 薪酬、福利水平太低 9. 不签订劳务合同 10. 用人单位不给上保险 11. 不能按时发放工资 12. 不解决食宿 14. 户籍限制 15. 学历限制 16. 其他(请注明____)	—
A111. 您对这份工作满意吗?(单选)	1. 满意 →跳转 A1121 2. 一般 3. 不满意	—
A112. 请问您不满意的原因是?(多选,限选 3 项)	2. 薪酬、福利水平太低 3. 工作时间长、强度大 4. 工作危险性高、环境恶劣 5. 企业招聘信息与实际不符 6. 用人单位不给上保险 8. 不签订劳动合同 9. 不能按时发放工资 10. 不解决食宿问题 12. 由于学历限制,个人发展受影响 14. 其他(请注明____)	—
A1121. 随着京津冀一体化推进,如果您所在单位(部门)迁出北京,您是否愿意随迁?(A111 选 1 者填答)	1. 愿意随所在单位(部门)迁往其他省市工作并生活 2. 愿意随所在单位(部门)迁往其他省市工作,但仍在北京生活 3. 不随单位(部门)迁往其他省市,在京重新找工作(请注明不随迁原因_____)	—

务工人员部分完毕,请回答 B 公共部分

A2. 经商人员填答（S8 选 2 者填答）

问　题	选　项	答　案
A201. 您单位的性质是什么？（单选）	1. 独资企业　2. 合伙企业　3. 有限责任公司　4. 个体工商户　5. 民办非企业机构　6. 其他(请注明：____)	—
A202. 您经商运营的方式？（单选）	1. 个人独立完成全部工作→终止 A2 访问,跳转 B 公共部分　2. 与家人一起完成全部工作　3. 需要雇佣员工→跳转 A204	—
A204. 请问您所雇佣的员工（包括家人）的数量规模？（单选）（A202 选 3 者填答）	1.5 人及以下　2.6～10 人　3.11～20 人　4.21～30人　5.31～50 人　6.51～100 人　7.101 人及以上(请注明人数____)	序号____ ____人

经商人员部分完毕,请回答 B 公共部分

A3. 自营工作者填答（S8 选 3 者填答）

问　题	选　项	答　案
A301～您选择自营工作多长时间了？（单选）	1.6 个月及以下　2.6 个月～1 年(含 1 年)　3.1～3年(含 3 年)　4.3～5 年(含 5 年)　5.5～10 年(含 10年)　6.10 年以上	—
A302. 您为什么会选择自营工作？（多选,限选 3 项）	1. 不愿居于人下,喜欢自由的生活　2. 没有找到合适的工作单位　3. 薪水相对较高　4. 自我创业,体现自我价值　5. 从事自己喜欢的工作　6. 其他(请注明____)	
A303. 您是否满意您现在的工作方式？（单选）	1. 满意　2. 一般　3. 不满意	—
A305. 您是否独立完成工作？	1. 是 2. 否	—
A310. 您具体从事的工作内容是？（单选）	1. 网店微商　2. 网络媒体人　3. 网约车司机　4. 家政服务员(含小时工)　5. 小商贩　6. 快递员　7. 外卖送餐员　8. 家政、美甲、洗车、搬家等其他互联网生活服务　9. 设计、软件外包等知识技能共享领域服务　10. 其他(请注明____)	—

自营工作者部分完毕,请回答 B 公共部分

A4. 失业人员填答（S10 选 1 者填答）

问　题	选　项	答　案
A401. 请问您失业多长时间了？（单选）	1. 两周及以内　2. 两周～1 个月（含 1 个月）　3. 1～3 个月（含 3 个月）　4. 3～6 个月（含 6 个月）　5. 6～12 个月（含 12 个月）　6. 1～3 年（含 3 年）　7. 3 年以上	—
A402. 您失业的原因是什么？（多选，限选 3 项）	1. 想换换工作环境　4. 期望薪金与实际薪酬相差太大　5. 用人单位不签订劳动合同　6. 用人单位不给上保险　7. 原单位效益不好，裁员　11. 生病、照顾家人、学习等个人原因　12. 其他（请注明＿＿）	—
A405. 您在失业期间的经济来源是什么？（单选）	1. 以前工作的积蓄　2. 靠家人收入维持　3. 出租房屋所得租金　4. 靠朋友的接济　5. 向政府申领的失业保险金　6. 投资收益所得　7. 其他（请注明＿＿）	—
A406. 您在以往的求职过程中，您认为下面哪些方面（曾经/目前）是您找工作的障碍？（多选，限选 3 项）	4. 没有对应的职业技能证书　6. 薪酬、福利水平太低　8. 不能有效地获得招聘信息　9. 不签订劳务合同　10. 用人单位不给上保险　11. 不能按时发放工资　12. 不解决食宿　14. 户籍限制　15. 学历限制　16. 其他（请注明＿＿）	—
A409. 如果您在半年内找不到合适的工作，您会选择？（单选）	1. 继续寻找合适的单位工作　2. 经商（含个体工商户）　3. 自营工作者（如小时工）　4. 回家乡发展　5. 去别的城市寻找机会，请注明城市名称＿＿　6. 其他（请注明＿＿）	—
A4C1、您失业之前从事的工作所在行业？（单选）	1. 农、林、牧、渔业　2. 采矿业　3. 制造业　4. 电力、热力、燃气及水生产和供应业　5. 建筑业　6. 批发和零售业　7. 交通运输、仓储和邮政业　8. 住宿和餐饮业　9. 信息传输、软件和信息技术服务业　10. 金融业　11. 房地产业　12. 租赁和商业服务业　13. 科学研究和技术服务业　14. 水利、环境和公共设施管理业　15. 居民服务、修理和其他服务业　16. 教育　17. 卫生和社会工作　18. 文化、体育和娱乐业　19. 公共管理、社会保障和社会组织　20. 国际组织　91. 其他（请注明＿＿）　99. 无	—

失业人员部分完毕，请回答 B 公共部分

B. 公共部分

问 题	选 项	答 案
B1. 您现在每月的平均工资(包括基本工资、绩效工资及奖金等)是?(单选,填写具体工资)	102. 2200 元及以下　312. 2201～3000 元 32. 3001～4000 元　33. 4001～5000 元 41. 5001～6000 元　42. 6001～7000 元 43. 7001～8000 元　44. 8001～9000 元 45. 9001～10000 元　50. 10001～20000 元 60. 20001～30000 元　70. 30001～40000 元 80. 40001～50000 元　90. 50001 元以上 91. 无收入　99. 其他(请注明＿＿)	序号 —— 具体工资 ——
B2. 您期望的月工资是多少?(单选)(填写具体工资)	102. 2200 元及以下　312. 2201～3000 元 32. 3001～4000元　33. 4001～5000 元 41. 5001～6000 元　42. 6001～7000 元 43. 7001～8000 元　44. 8001～9000 元 45. 9001～10000 元　50. 10001～20000 元 60. 20001～30000 元　70. 30001～40000 元 80. 40001～50000 元　90. 50001 元以上 99. 其他(请注明＿＿)	序号 —— 具体工资 ——
B301. 您求职或招聘经常通过哪些渠道?(多选,限选 3 项)	1. 政府开办的公共就业服务机构现场登记求职招聘会 2. 政府建立的公益性互联网(含网站、微信、手机 App) 3. 商业性中介机构现场登记求职招聘会 4. 商业性互联网(含网站、微信、手机 App) 5. 单位自行招聘 6. 报纸、杂志等传统媒体广告 7. 熟人介绍 8. 其他(请注明＿＿)	——
B1103. 您上一个月内平均每周工作几天?平均每天工作几个小时?	—	＿＿天 ＿＿小时
B5. 您取得过以下哪类职业技能资格证书或职称?(单选,填写自己获得的最高等级证书)	1. 初级工(国家职业资格五级)　2. 中级工(国家职业资格四级)　3. 高级工(国家职业资格三级)　4. 技师(国家职业资格二级)　5. 高级技师(国家职业资格一级)　6. 初级职称　7. 中级职称　8. 高级职称　9. 没有取得	——
B6. 您从事(在职者答)或期望从事(无工作人员答)的行业是?(单选)	1. 农、林、牧、渔业　2. 采矿业　3. 制造业　4. 电力、热力、燃气及水生产和供应业　5. 建筑业　6. 批发和零售业　7. 交通运输、仓储和邮政业　8. 住宿和餐饮业　9. 信息传输、软件和信息技术服务业　10. 金融业　11. 房地产业　12. 租赁和商务服务业　13. 科学研究和技术服务业　14. 水利、环境和公共设施管理业　15. 居民服务、修理和其他服务业　16. 教育　17. 卫生和社会工作　18. 文化、体育和娱乐业　19. 公共管理、社会保障和社会组织　20. 国际组织　99. 无	——

续表

问　　题	选　　项	答　案
B7. 您从事（在职者答）或期望从事（无工作人员答）的职业是什么？（单选）	1. 单位负责人 2. 卫生工作者（医生、护士、药剂师） 3. 法律工作者 4. 文化、艺术、影视工作者 5. 软件研发人员（软件及 IT 产品） 6. 工程技术人员（科研、通信、机械、建筑） 7. 会计、出纳 8. 金融、保险从业人员 9. 教师及其他教学等教育工作者 10. 安全保卫员 11. 快递员 12. 文秘、打字员、前台 13. 厨师 14. 住宿、餐饮服务员 15. 营业导购员（商场、超市） 16. 旅游行业从业人员 17. 推销、展销人员，房地产业务人员 18. 美容、美发师 19. 家政服务员 20. 市政及小区清洁人员 21. 送水、送奶等送货人员 22. 农、林、牧、渔、水利业生产人员 23. 建筑工人 24. 汽车修理工 25. 汽车内饰装修工 26. 装饰装修人员 27. 司机（生产运输） 28. 装卸、搬运工 29. 生产技术工人 30. 电工 31. 其他（请注明＿＿） 32. 司机（服务运输） 33. 网络编辑 34. 电子商务师 99. 无	—
B9. 您累计在京居住的时间？（单选）	1.6 个月及以下　2.6 个月～1 年（含 1 年）　3.1～3 年（含 3 年）　4.3～5 年（含 5 年）　5.5～10 年（含 10 年）6.10 年以上	—

续表

问　　题	选　　项	答　案
B10. 您的工作地点在哪儿?(单选)	1. 东城区　2. 西城区　3. 朝阳区　4. 丰台区　5. 石景山区　6. 海淀区　7. 门头沟区　8. 房山区　9. 通州区　10. 顺义区　11. 昌平区　12. 大兴区　13. 怀柔区　14. 平谷区　15. 密云区　16. 延庆区　17. 北京经济技术开发区　18. 无工作　99. 外省市或境外请注明(＿＿)	—
B112. 您的户籍所在地是?(单选)	13. 河北　14. 山西　15. 内蒙古　21. 辽宁　22. 吉林　23. 黑龙江　32. 江苏　34. 安徽　36. 江西　37. 山东　41. 河南　42. 湖北　51. 四川　61. 陕西　62. 甘肃　99. 其他(请注明＿＿)	—
B1121. 您是首次来×吗?(单选)	1. 是 2. 否	—
B12. 您是否在北京当地的人口管理部门进行了登记?(单选)	1. 是 2. 否	—
B15. 您正在参加以下哪几种保险?(多选)	1. 职工工伤保险 2. 职工基本医疗保险 3. 职工基本养老保险 4. 职工失业保险 5. 职工生育保险 6. 商业保险 7. 城乡居民养老保险 8. 农村新型合作医疗保险 9. 城镇居民基本医疗保险 10. 以上都没有参加→ 跳转 B1701	—
B16. 您现在在哪参加的保险?(单选)	1. 北京 2. 外省市＿＿＿	—
B17. 保险缴纳方式?(单选)	1. 所在单位缴纳　2. 个人缴纳　3. 挂靠在某个单位或机构代为缴纳　4. 其他(请注明＿＿＿)	—
B1701. 您没有参加任何保险的原因是?(单选)(B15 选 10 者填答)	1. 社保费用太高,交不起　2. 不符合政策规定条件,交不了　3. 对政策不了解,不知道怎么交　4. 认为社保作用不大,没必要交	—

问　　题	选　　项	答　案
B30. 您在从事哪些兼职工作？（可多选）	1. 网约车　2. 外卖送餐　3. 网店微商　4. 网络媒体 5. 其他（请注明＿＿）　　6. 无	—
B31. 您的单位或雇主是否拖欠工资？（单选）	1. 是 2. 否	—
B33. 一年以来，您与单位发生过劳动、人事争议吗？（单选）	1. 发生过 2. 没有发生过→ 跳转 C 生活部分	—
B34. 您与单位的劳动人事争议最终是通过哪种方式解决的？（可多选，限选 3 项）	1. 工会　2. 向政府相关部门反映　3. 与对方协商解决 4. 法律途径　5. 媒体曝光　7. 上网求助　8. 找亲友或同乡帮助　9. 其他（请注明＿＿）	—

B 公共部分完毕，请回答 C 生活部分

C. 生活情况

问　　题	选　　项	答　案
C1. 您每天上班使用的交通工具是？（单选）	1. 公共交通　2. 自驾车　3. 自行车　4. 班车　5. 出租车　6 步行　7. 其他（请注明＿＿）	—
C2. 您通常上班单程花费时间？（单选）	1.30 分钟以内　2.30 分钟～1 小时　3.1～2 小时 4.2 小时以上	—
C3. 请问您现在的居住情况是？（单选）	1. 租赁私房　2. 单位/雇主提供住房　3. 租赁公租房或廉租房　4. 自购商品房　5. 自购保障性住房　6. 其他（请注明＿＿）	—
C301. 实际居住样式是？（单选）	1. 单元房　2. 筒子楼（含自建楼房被人为隔成多间的情况）　3. 平房　4. 地下室　5. 集体宿舍 6. 工棚 7. 工作地住宿 8. 其他（请注明＿＿）	—
C4. 请问与您同住的人口有多少？（单选）	1. 自己独住　2. 与＿＿个家人同住　3. 与＿＿个朋友同住	序号＿＿ ＿＿人

续表

问　题	选　项	答　案
C5. 您家庭平均一个月支出是多少？（填写具体金额）	总支出____元 其中：1. 住房支出____元　2. 食品支出____元 3. 教育支出____元　4. 文化娱乐（含旅游）____元 5. 医疗保健支出____元　6. 交通和通信支出____元 7. 其他____元	总____元 1　____元 2　____元 3　____元 4　____元 5　____元 6　____元 7　____元
C6. 您对本地生活是否适应？（单选）	1. 非常适应　2. 比较适应　3. 一般　4. 不太适应 5. 非常不适应	—
C601. 您觉得自己是本地人吗？（单选）	1. 是　2. 不是　3. 说不清	—
C602. 请问您业余时间（工作、睡觉之外的时间）的主要活动是？（可多选，限选3项）	1. 上网　2. 朋友聚会　3. 看电视　4. 参加文娱体育活动　5. 参加学习培训　6. 读书看报　7. 休息　8. 做家务　9. 照顾小孩　10. 逛街购物　11. 其他（请注明____）	—
C603. 除家人以外，业余时间最主要和谁在一起？（单选）	1. 基本不和其他人来往　2. 老乡　3. 同事（不含老乡） 4. 其他外来务工人员（不含老乡或同事）　5. 当地朋友 6. 其他（请注明____）	—
C7. 您最希望政府为您做些什么？（单选）	1. 解决城市户口　2. 享受与城镇居民同等的住房保障政策　3. 落实随迁子女受教育权利　4. 与城镇居民同等的社会保障（医疗、养老）　5. 其他（请注明____）	—

生活部分完毕，问卷完成。S8 选 1 者，如果是建筑行业的，请继续填答 D 部分

D.　建筑行业来×务工人员就业情况（S8 选 1 者，属于建筑行业的填答）

问　题	选　项	答　案
D1. 您从事的工种是？	1. 装修工　2. 木工　3. 瓦工　4. 架子工　5. 钢筋工 6. 抹灰工　7. 油漆工　8. 混凝土工　9. 砌筑工 10. 防水工　11. 电工　12 其他（请注明____）	—
D2. 您从事建筑施工有多少年？	1.1 年以下　2.1～3 年　3.3～5 年　4.5～10 年 5.10 年以上	—

续表

问 题	选 项	答 案
D201. 谁是您的直接雇佣人/雇佣企业?(单选)	1. 施工总承包企业 2. 专业分包企业 3. 劳务分包企业 4. 包工头 5. 其他	—
D3. 您的技术是哪里学的?	1. 师傅传授 2. 职业学校 3. 公司培训 4. 当地政府培训 5. 在工地上边干边自学 6. 其他(请注明____)	—
D301. 您愿意从事建筑工作到多大年龄?(单选)	1. 45岁以下 2. 45～55岁 3. 56～60岁 4. 61岁及以上	—
D4. 您的工资多长时间发放一次?(单选)	1. 月结 2. 工程项目结束一次性结清 3. 其他(请注明____)	—
D5. 您的工资发放是采取的什么形式?(单选)	1. 通过银行卡(存折)发放 2. 现金发放 3. 其他(请注明____)	—
D501. 您更喜欢哪种工资计算方式?(单选)	1. 计件制 2. 计日工 3. 基本工资+计件 4. 基本工资+计件+奖金 5. 其他(请注明____)	—
D6. 您希望企业为您做些什么?(可多选,限选3项)	1. 及时足额发放工资 2. 提供更多的晋升渠道 3. 增设娱乐设施 4. 改善工地宿舍、食堂、洗浴、卫生等设施条件 5. 同工同酬 6. 更多的员工关怀 7. 技能培训 8. 其他	—
D7. 您认为以下哪些因素影响年轻人不愿意成为建筑工人?(可多选,限选3项)	1. 收入太少 2. 工作太累 3. 工作危险 4. 学不到技术 5. 工作环境太差 6. 工作不稳定 7. 受到不公正待遇 8. 不自由 9. 工作不体面 10. 其他原因(请注明____)	—
D8. 如果工资、待遇等条件基本相同的情况下,你愿意在哪里就业?(可多选)如果工资、待遇等条件基本相同的情况下,你愿意在哪里就业?(可多选)	1. 本地 2. 外地 3. 建筑业 4. 非建筑业	—
D9. 您对维护建筑工人自身权益还有什么建议?	—	—

参 考 文 献

[1] 邓恩远,于莉.社会调查方法与实务[M].北京:北京大学出版社,2009.

[2] 罗清萍,余芳.实用社会调查方法与技能训练:从选题到实施的工作过程[M].北京:经济管理出版社,2013.

[3] 第三期中国妇女社会地位调查课题组.第三期中国妇女社会地位调查主要数据报告[J].妇女研究论丛,2011(6):25.

[4] 杜智敏.社会调查方法与实践[M].北京:电子工业出版社,2014.

[5] 董海军.社会调查与统计[M].湖北:武汉人民大学出版社,2015.

[6] 赵淑兰.社会调查方法[M].北京:机械工业出版社,2011.

[7] 风笑天.社会学研究方法[M].北京:中国人民大学出版社,2013.

[8] 郝大海.社会调查研究方法[M].北京:中国人民大学出版社,2009.

[9] 侯典牧.社会调查研究方法[M].北京:北京大学出版社,2014.

[10] 谭祖雪,周炎炎.社会调查研究方法[M].北京:清华大学出版社,2013.

[11] 张文彤,邝春伟.SPSS 统计分析基础教程[M].2 版.北京:高等教育出版社,2011.

[12] 袁方.社会研究方法教程[M].北京:北京大学出版社,1997.

[13] 邵国松,谢珺.我国网络问卷调查发展现状与问题[J].湖南大学学报,2021(7):149-151.

[14] 于泽浩.北京市老年居家服务项目使用影响因素及有效供给分析:以 2015 年"第四次中国城乡老年人生活状况抽样调查"北京数据为基础[J].兰州学刊,2019(7):196-207.

[15] 周怡."大家在一起":上海广场舞群体的"亚文化"实践:表意、拼贴与同构[J].社会学研究,2018,33(5):40-64.

[16] 陈伟.都市未婚青年的精神健康及生活满意度:来自"上海都市社区调查"的发现[J].华东科技大学学报,2020(5):124-132.

[17] 许琪,戚晶晶.工作—家庭冲突、性别角色与工作满意度:基于第三期中国妇女社会地位调查的实证研究[J].社会,2016(3):60-61.

[18] 风笑天.结果呈现与方法运用:141 项调查研究的解析[J].社会学研究,2003(2):28-36.

[19] 黎文光.社会工作调研中如何科学运用 SPSS[J].中国社会工作,2020(3):38-39.